正五行擇日尅應精解

繼大師 著

繼大師

正五行擇日尅應精解 —— 繼大師著

目錄

自序

繼大師

擇日是以時間轉換成干支，配合人命生年干支的學問，若擇日關係到方位或坐山，則以羅盤廿四山正針的方位干支及四隅卦的五行去配合，用時間、空間及地點方位的干支去扶助人命生年干支，以干支五行的相生相合關係，令人們得到時空的力量而邀福。五行干支，只是代名詞，用有形的數據，去推算未來所發生的事情，就是：「**風水擇日尅應**」。

擇日用在陰宅安碑、入伙、動土、安座骨灰龕位、陽宅裝修、結婚、出行等事宜上，這是「時間、空間、年命」三者之間的互動，造就出未來時空所發生的吉凶，就是擇日學的功能。

擇日用事的尅應，一般不會明顯地見到，必須得知地方的方位及方向，用於那樣事情？再加上地氣及元運，始能準確地推算出事件的吉凶結果，這就涉及風水地理的範圍了，故風水離不開擇日，擇日離不開人事，三者互動。

在發生意外時間的日課及地點方位，有時會與當事人的生年干支有關係，若仔細研究，定會發現它有不為人知的秘密，好像一切都有定數似的，就是道家所說的氣數，佛家所說的因果律了。

以往筆者繼大師所遇見的擇日事件，或是發生交通意外的時間及地點，必作紀錄，在翻查資料數據中，由開始至結束的每一事件，在整個過程中，發現有很多吉凶的尅應事情與擇日日課的干支非常吻合，短者數月內應驗，長者十多年後始應驗，有時是個人的思想路向，左右了事情的結果，例如區區一個結婚擇日的日課，又怎能改變夫婦間的一生命運呢！

筆者繼大師曾著**《擇日風水尅應》**，內容屬真實個案，是經驗之談，深受讀者喜愛，因擇日風水尅應之事例頗多，故再寫一書名：

《正五行擇日尅應精解》

其中有很多正五行擇日心法秘訣，內容有：

三會日的火災奇遇、陽宅坐向選取及權宜之法、王朝雲造葬日課、三煞方搬戽日課的預兆、犯沖太歲、沖三合日支的交通意外日課尅應、龕堂靈位安座日課、重修雄鷹拍翼的日課、潤月與節氣詳解、地支拱山的入伙日課格局、令醫生恐慌的沖驛馬日課、五二〇結婚日課的吉凶。

亦有：三合局歲破時的意外、結婚日課尅應子女生年及擇日權宜法、結婚吉日不能改變命運、天馬山及生基之坐山尅應、定出吉凶尅應年份的口訣、安碑日課與雙山雙向的尅應、安床日課子山午向的尅應、辦公室房間座位沖太歲的動工日課尅應、擇日動工改動風水而引致大劫化小劫、寫字樓入伙的尅應、入伙拜四角的日課尅應、貨櫃場的尅應及地師的惡夢……。

書中有故事，故事中有擇日口訣，更有風水學理，配合擇日而產生尅應，全部是筆者繼大師的個人經驗；此類書籍，古人絕少寫及，是活學活用的教材，閱讀後定能得益，是為序。

繼大師寫於香港明性洞天

癸卯年季夏吉日

（一）三會日的火災奇遇 —— 童子拜觀音

繼大師

一日到元朗錦河路山邊考察風水穴地，辛山乙向兼酉卯，前朝貴峰，羅城環繞，卯兼甲方為觀音山，既像文筆，又像一位站立的女人，其木形星秀麗，朝拱有情，此峰正是玉女拜堂穴之遠處朝峰。

此地來龍正受，穴貼金形星辰，乘接來脈，雖沒有內龍虎侍砂，但左右外砂包拱，前朝大帽山，層層山巒，大局來氣口之凹峰在左前方之艮兼寅方，凹外有兩峰補缺，羅城緊抱，左右夾耳齊備。

青龍砂三層，層層疊起，最外一層是整座雞公嶺大山，前收大帽山山巒之逆水，不見出水口，亦是水聚天心格局，因前面略左方是觀音山，故穴取名為：

「**童子拜觀音**」。

這穴並非真結地，穴星在兩儀界線間，需要在近穴星頂處安來龍龍神碑，用碑之向度分金，以確定元運，配合墳碑向首，方能完備，穴前有頗深的自然平托，托下右前方有餘脈，但不覺走洩。

正當筆者繼大師行至穴場考察期間，突然看見穴前左方有圓形很大的黑色濃煙冒起，前後有五六次發出爆炸聲，一大堆黑煙直沖天上，迅即之間漂至穴場，即時量度其火場方位，剛好是「寅兼甲」方，為風火家人䷤卦象，再查日課，其四柱八字是：

癸卯　年
甲寅　月
甲辰　日
壬申　時

據新聞報道說 2023 年 2 月 15 日下午 4 時許，八鄉橫台山羅屋村一個劏車場起火，現場傳出多次爆炸聲，火場面積大約 20 平方米，50 人疏散，消防出動三條喉和三隊煙帽隊灌救，直至傍晚，火勢始受控。消防處發出特別通知，呼籲市民如受到飄散的煙霧和異味影響，要關閉門窗及保持鎮定。

從這件火災事件的日課來看，有如下之尅應：

（一）此日課年、月、日「寅、卯、辰」三會木局，天干年、時「壬、癸」水，生月、日兩「甲」木干，「甲」祿在「寅」月支，木氣大旺，木生火，大火生黑煙，在「申」時正沖「寅」月支，為月破時。

（二）「甲」日、月兩天干的祿在「寅」月支上，加強沖尅「申」時支，觀音山又是木形星峰，木生火，比喻化成火災。

（三）大火方位在穴之「寅」方，換句說話，穴之位置在大火現場之「申」方，時辰及方位，均是「寅、申」，在風火家人卦☲☴位，風吹大火產生的煙由「寅」向「申」方漂來，真的是相應了方位的卦象。

筆者繼大師在勘察穴位的過程中，偶而發生這些事情，真是令人難以理解，但願災害遠離，不再發生。

《本篇完》

穴之金形來龍星辰

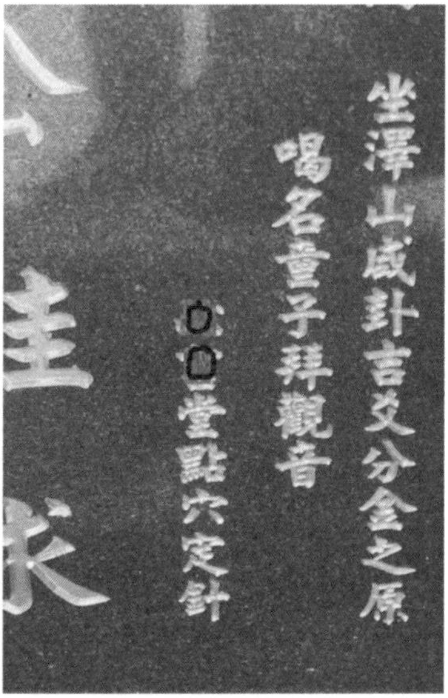

童子拜觀音穴

前朝觀音山

八鄉橫台山羅屋村一個劏車場起火

童子拜觀音穴之「寅兼甲」方，黑煙直沖天上。

（二）擇日搬屋日課 —— 陽宅坐向選取法及權宜之法

繼大師

茲有一家庭共三人，由於住所迫遷，只有另租新屋，想於 2023 年陽曆四月至六月中搬屋，四月五日為清明節，為「丙辰」月，立夏後開始是「丁巳」月，陽曆六月是「戊午」月，在月令干支方面，可有三個選擇。

男戶主於「癸卯」年生，女戶主於「乙巳」年生，兒子生於「庚辰」年。陽宅在選擇日課配以坐向用作扶山相主時，需要確認以何方為坐山，有些房子可能是正方形，長方形、菱形、曲尺形不等，要視乎門口開在那裏，方可決定屋之坐向。

新屋長方形，頗為夾長，門口與窗台在長方形短的一端，初擬大向，「子」方為門，「午」方為窗台。

以筆者繼大師的經驗，若是城市中的高樓大廈，在一般情況下，以住宅入口之大門為向，因以住者出入所引動之生氣為主，以窗台為坐，在陽宅風水方面，正常門口要收旺向，窗台最好見水，此為之

「背山面海」格局。但有時候未必門口與窗台是相對的，亦未必能夠背山面海，這種機會不大，要視乎個別情形而定。至於在鄉村的平房屋，多以靠山那方為坐，向平地那方為向。

擇日搬屋，日課干支不沖當事人，故不擇「酉、亥、戌」三支，不沖戶主各人即：「癸卯」、「乙巳」、「庚辰」等生年命人。通常在選擇在星期日假期較為方便，最初擇日於2023年陽曆5月14日早上十時（**星期日**），日課四柱如下：

癸卯 年
丁巳 月
壬申 日
乙巳 時

日課「癸、壬」干之貴人到日課本身之「卯、巳」年、月、時支上，與「癸卯」戶主之貴人相同，女戶主「乙巳」年命亦是日課「癸、壬」之貴人關係，「庚辰」年命干之祿到日課「申」日支上，原則上此日課有利於各人。

雖然新屋以「午」山為坐山，日課「丁巳」月，「壬申」日，天干「丁壬」合木，地支「巳申」合水，而生旺「卯」木年支。「巳」時支為爭合，但因為日月天干合，使其地支得以合水，故仍以月日所合為要，日課水木大旺。

日課日、月「巳申」支六合水，一般以日柱的力量為大，要看「卯」木年支是否能轉化而生助「午」山，為慎重起見，怕水來尅陽居「午」坐山，若然擔心日課以「巳申」六合水支生旺「卯」木年支再生旺「午」山而未能奏效的話，可用權宜之法，

可在搬屋之時辰（巳時），在「卯」方設香案，坐「卯」向「酉」，獻上供品，屋雖是長方形，但向是四正方，即「子、午、卯、酉」，使日課六合水支，生旺「卯」方，然後以順時針方向拜四角位，這樣亦可以助旺新屋，由旺方動起，使煞不生。

由於搬屋日期是星期日，因傭人休息，屋主分開住的年邁母親需要照顧，故選取平時日子，為 2023 年陽曆 4 月 14 日早上十時（星期五）

癸卯 年
丁巳 月
壬寅 日
乙巳 時

因日全環蝕在 2023 年陽曆 4 月 20 日申時（16：14），前後七天，大事勿用。剛好由 4 月 14 日至 4 月 26 日，恰好開始納入時間範圍，由於用事時間是早上十時，故勉強可取用。

此日課亦是「癸、壬」干之貴人到日課本身之「卯、巳」年、月、時支上，亦到女戶主「乙巳」生年命支上，「癸卯」戶主因犯太歲，故有搬屋之尅應，戶主生年干之貴人到日課之「卯、巳」年、月、時支上。日課地支五行木火大旺，生旺男女戶主，日課並沒沖尅幼主「庚辰」生年命支，故日課可取用。

擇日搬屋的日課，有時並非單純選擇日子問題，若然知道屋之坐向，再配合人命擇日入伙，定能如意吉祥。此乃筆者繼大師配合陽宅坐向選取吉日的權宜之法，讀者可以試用。

《本篇完》

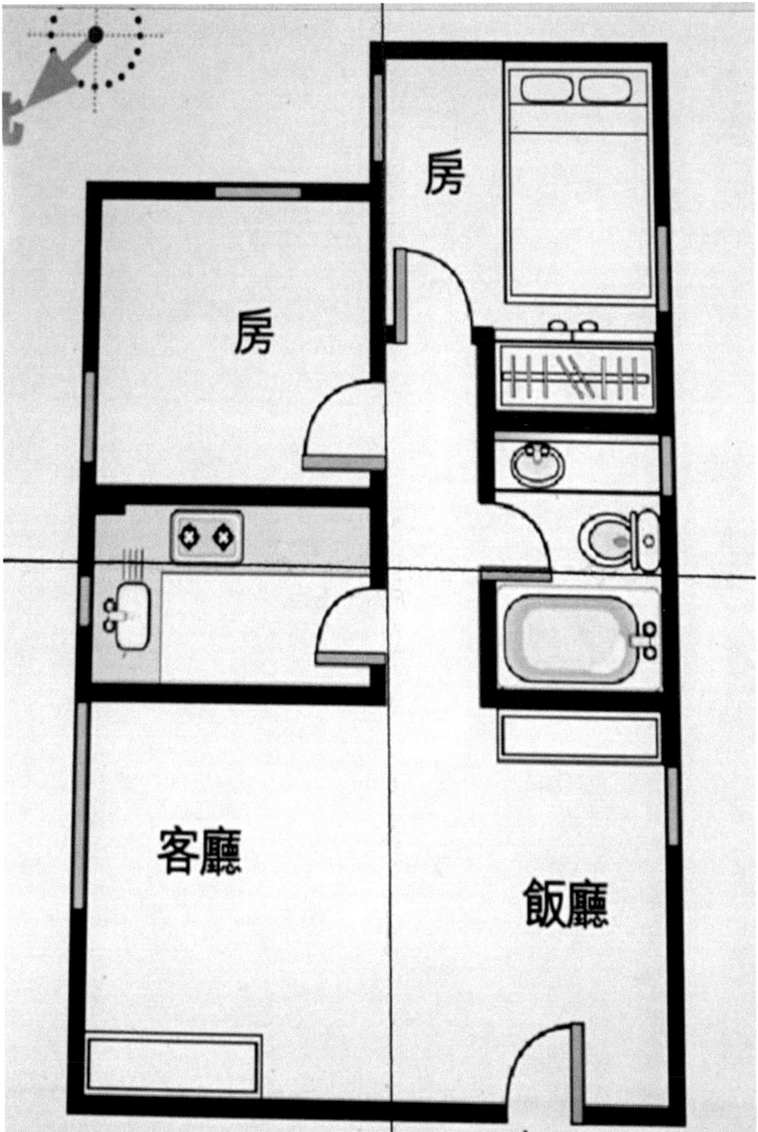

此屋以門為向

大門方向

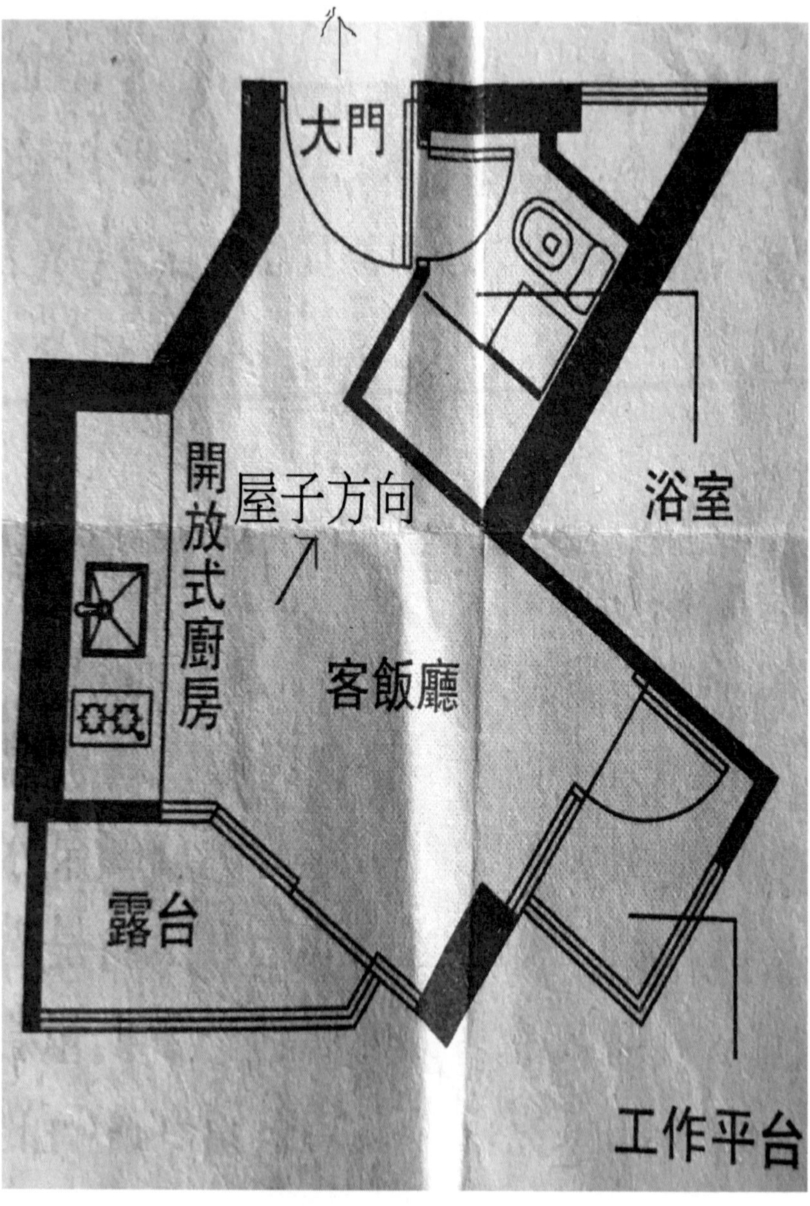

此屋門與屋向不同

（三）王朝雲造葬日課

繼大師

筆者自廿多年前至今，先後三次到本人家鄉惠州市近西湖泗洲塔考察蘇東坡妾侍王朝雲墓。王朝雲（1062 年「壬寅」年至 1096 年「丙子」年），字子霞，吳郡錢塘人（今浙江省杭州市餘杭區），北宋大文豪蘇軾的紅顏知己和侍妾。

王朝雲早年家境清寒，淪落歌舞班中，成為西湖歌女；她天生麗質，聰穎靈慧而好義，能歌善舞，獨具氣質，蘇軾喜愛，納為侍妾，她服侍東坡先生二十三年，忠誠尊敬先生始終如一。

宋紹聖元年（1094 年「甲戌」年）她隨蘇軾謫惠州。於紹聖三年 1096 年「丙子」年七月壬辰日，即蘇東坡調任惠州兩年後，與侍妾在惠州河東高四十尺的小山頂上建屋，時屋尚未建成，王朝雲得瘟疫病而亡（1062 年至 1096 年），八月初三「庚申」日安葬於豐湖之上棲禪山寺之東南，時值下元七運，之前生一子蘇遁，後夭折。

蘇軾《薦朝雲疏》記載，「王朝雲一生辛苦，萬里追隨」，蘇東坡不勝哀傷，親撰墓誌銘，並寫下《西江月——梅花》、《雨中花慢》和《悼朝雲》等詩詞，以寄託對朝雲的深情和哀思。孤山棲禪寺和尚在墓前築一座紀念亭。因朝雲生前學佛，臨終誦《金剛經》偈語：

一切有如法。
如夢幻泡影。
如露亦如電。
應作如是觀。

故棲禪寺和尚興建「六如亭」以紀念之，王朝雲墓位於惠州市西湖孤山東麓，墓前有石雕牆，上有石刻為「王朝雲墓誌銘」，是蘇軾撰文，伊秉綬書刻，亦有「舟過六如亭」之線雕，為清初著名畫家石濤繪。

筆者繼大師在勘察期間，發現青石碑上有十數彈孔痕跡，相信是文革時受到破壞，王朝雲墓後山丘頂上建有「東坡紀念館」。

朝雲墓與六如亭歷代均維修，清嘉慶六年（1801年「辛酉」年）惠州知府伊秉綬重修朝雲墓時，為墓撰寫碑文。1984年「甲子」年惠州市人民政府再重修王朝雲墓，現存的六如亭為民國三十五年（1946年「丙戌」年）所重建。

王朝雲墓六如亭前鑲立有不少碑石雕刻，後亭柱有清代翰林豐湖書院山長林兆龍撰題勒石的對聯。

上聯為：如夢如幻如泡如影如露如電。

下聯是：不生不滅不垢不淨不增不減。

前亭柱亦有對聯：

上聯為：從南海來時。經卷藥爐。百尺江樓飛柳絮。

下聯為：自東坡去後。夜燈仙塔。一亭湖月冷梅花。

據碑文所載之下葬日為宋紹聖三年八月三日「庚申」日，查1096年白露時間是陽曆9月7日，八月初三為陽曆8月26日，未過白露，屬於「申」月，日課四柱為：

丙子 年
丙申 月
庚申 日
辛巳 時 （時辰爲筆者推算）

王朝雲亡命為「壬寅」年（1062年），墓碑坐山「乾」山，蘇東坡出生於「丙子」年，剛好他六十歲，犯太歲之年。

蘇軾生於宋仁宗景佑三年十二月十九日，陽曆公元1037年1月8日卯時，未過二月四日立春日，故仍屬於「丙子」年。日課四柱為：丙子年，辛丑月，癸亥日，乙卯時。

筆者繼大師分析這造葬日課如下：

（一）日課地支「子」年「申」月半合水局，天干年、月兩「丙」干生旺蘇東坡「丙子」年命生年，

「庚」金日天干之祿到本身日課兩「申」月、日支上，亦同旺「乾」山，亦不致被日課兩「丙」所剋。

（二）日課兩「丙」干之貴人到「亥」山，「亥」與「乾」山為廿四山之雙山雙向，故日課之兩「丙」干之貴人到「乾」山。

（三）日課「子」年「申」月半合水局，「申」日及「巳」時合水局，使日課兩「申」月、日支不沖亡命「壬寅」地支，「巳」時支為解神，日課地支合水局後再生旺亡命「壬寅」干支。

（四）日課「辛巳」時干之貴人到「壬寅」亡命支上，「壬寅」亡命干之貴人到日課「辛巳」時支上，「庚」日及「辛」時干屬金，助旺造葬之「乾」山。

筆者繼大師認為日課雖然有兩「丙」年、月干剋「庚」日及「辛」時干，但在整體上來看，日課上各種五行干支，都能兼顧各方面人命干支及坐山，亦有祿貴，不失為一個大好的日課。

王朝雲墓向廿四山之「巽」山，正收前方圓金形山丘橫案頂上的泗洲塔，無論在巒頭卦線上，及擇日造葬日課上，地師工夫非常好，以致日後蘇東坡兒子蘇過，被宋徽宗趙佶囑咐他在皇宮大殿內畫壁畫，這無不與此泗洲塔上之文筆塔有關，無論如何，這是一個很好的造葬日課，值得大家研究。

蘇文忠公朝雲墓志銘

東坡先生侍妾曰朝雲。字子霞。姓王氏。錢塘人。敏而好義。事先生二十有三年。忠敬若一。紹聖三年七月壬辰。卒於惠州。年三十四。八月庚申。葬之豐湖之上。棲禪山寺之東南。生子遯。未期而夭。蓋嘗從比丘尼義沖學佛法。亦粗識大意。且死誦金剛經四句偈以絕銘曰：浮屠是瞻。伽藍是依。如汝宿心。惟佛之歸。

清嘉慶六年四月汀州伊秉綬書

《本篇完》

惠州府重修朝雲墓碑

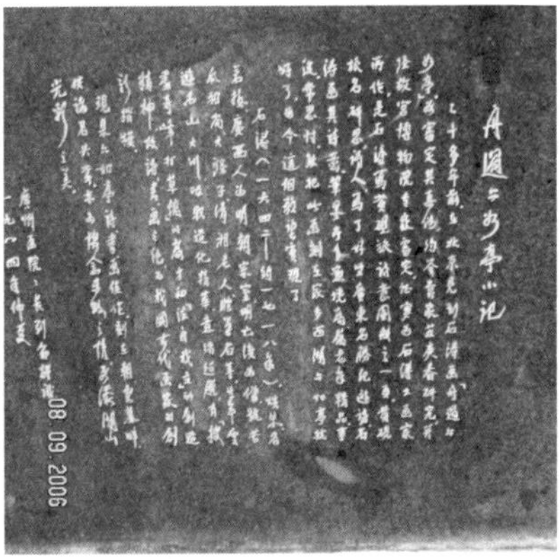

舟過六如亭小記

王朝雲墓

六如亭

蘇東坡像

六如亭前朝泗洲塔

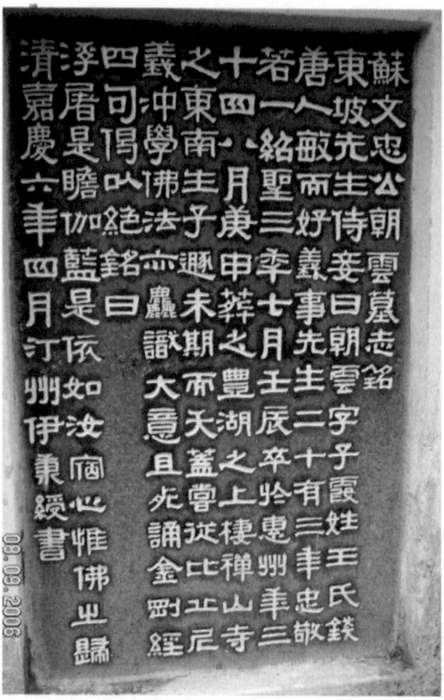

蘇文忠公朝雲墓志銘

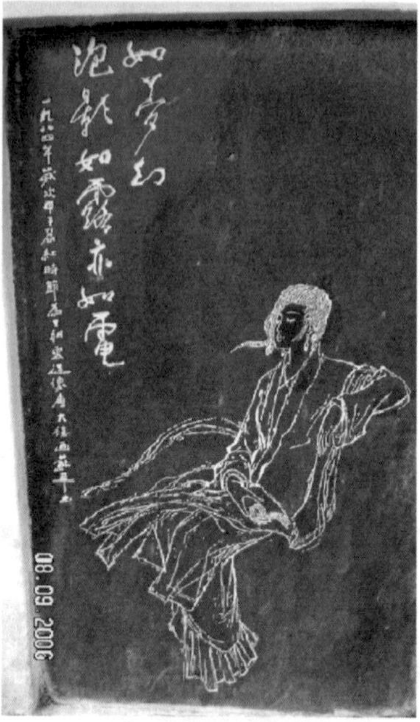

王朝雲像

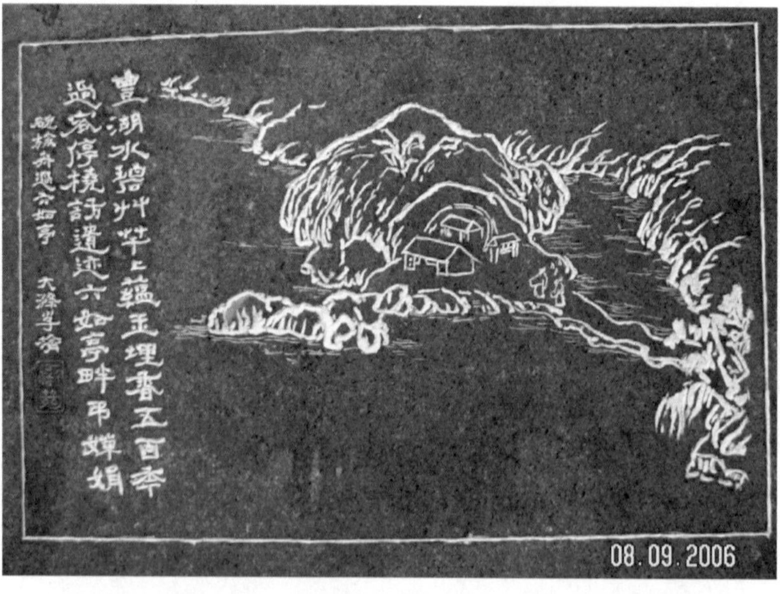

「舟過六如亭」之線雕，為清初著名畫家石濤繪。

（四）三煞方搬屋日課 ── 日課的預兆

繼大師

茲有女主人「壬子」生，女主人母親「癸酉」生，男主人「壬寅」生，主人女女兒「己卯」生，於「癸卯」年搬屋入伙，房屋坐西（庚、酉、辛）向東，日課不可用「卯、酉、申、午」日，因地支沖人命也。

今年（2023 年）「癸卯」年，三煞在「庚、酉、辛」歲煞在「戌」，劫煞在「申」，入伙頗要小心！

搬屋日課他們擇於 2023 年陽曆 6 月 16 日，日課四柱為：

癸卯 年
戊午 月
乙巳 日
癸未 時

此日課「乙」木干日，「癸」年干及「戊」月干六合化火，「巳、午、未」地支三會南方火局，木火非常旺盛，雖可尅制屋之西方坐三煞方，煞是可以制，但並沒有貴人到坐山，若然日課有「丙、丁」干，則貴人可到「酉」山也。

日課火旺的同時，三會火局亦正尅女戶主母親「癸酉」屬金之地支生年，慶幸「癸」年干之貴人到日課「巳」日支上，加上日課「癸」年、時干亦到本身日課「巳」日支上。日課「戊午」月正正天尅地沖女戶主「壬子」生年，火局洩男主人「壬寅」及女兒「己卯」年屬木年命，於「癸卯」亦犯太歲，尅應了搬遷之喜；無論如何，此日課確實可取。

有一些人，看月三煞、日三煞、時三煞，若要計算的話，筆者繼大師解釋如下：

日課「午」月為「寅、午、戌」三合火局之一，月三煞在「壬、子、癸」。

「巳」日為「巳、酉、丑」三合金局之一，日三煞在「甲、卯、乙」。

「未」時為「亥、卯、未」三合木局之一，時三煞在「庚、酉、辛」，與年三煞相同。

月三煞、日三煞、時三煞，若要一起計算的話，共有九個坐山不能用了。

筆者繼大師的經驗，只用年三煞已足夠，其餘用月、日、時地支及天干配合計算，以扶山相主，不沖住者生年命支就可以。

這搬屋日課月、日、時「午、巳、未」三會火局，雖然可尅制屋之西方坐山「庚、酉、辛」，但屋之坐山未能精確地知道所屬何坐山，在「庚、辛」山尚可以，若然在「酉」山，那麼就不堪想像了，但一般在加拿大地方，大部份都是四正向的，即「子、午、卯、酉」。

日課三會火局正尅女主人母親「癸酉」（1933年）生年，「癸卯」年亦沖太歲，對她非常不利。陽曆6月16日在小滿之後，屬申將月令所管，剛好此日課在「未」時為「貴人登天門時」，雖云可化解凶煞，但按照正常推算，女主人母親「癸酉」年生人，應該她會在此地百年歸老，這是正常的現象。

在這樣情況下，是否選擇一個好日子入伙，她老人家就不會去世呢！現實一點，生老病死，人皆有之，一經搬屋，這搬遷之動，就是她人生的轉捩點，轉時運也！我們能強求什麼呢！但求去得安樂，不受痛苦，已經非常萬幸了！氣數如此，不能強求。

站在擇日學術角度來說，雖然生死始終會有一次，但求心安，若我們擇好吉日入伙，日後之安排，一切隨緣，可聽天由命了！筆者繼大師認為此入伙日課四柱，在尅制流年三煞方面是可以的，加上是**「貴人登天門時」**，這並非日課不夠完美，而是日課的背後，隱藏着未來所發生的事情，一切順其自然吧！

《本篇完》

（五）交通意外的日課 ── 犯、沖太歲、沖三合日支的尅應

繼大師

於 2023 年 3 月 5 日香港北角發生交通意外，在接近下午一時，一輛的士沿北角炮台山道落斜而行，突然撞向三名途人，其中兩人昏迷，的士司機及乘客同告受傷，共有五名傷者先後被送往律敦治醫院及東區醫院搶救。

兩名途人倒臥在馬路上動彈不得，亦有人坐在行人路上，涉事的士停在英皇道，後有多輛救護車奉召到場救援。

據報的士司機事發時載同一名男乘客，沿炮台山道落斜路，正準備進入英皇道時，交通燈轉亮起紅燈，的士本應可以即時在燈位前停下，但司機聲稱當時因煞車系統失靈，以致無法煞車，於是撞向正在過路的三名途人，再橫越電車路，撞向燈柱後始停下，兩名女途人昏迷，分別是 59 歲本地女子及 48 歲南亞裔女子。

另外一男一女傷者，為43歲的士內地男乘客及48歲外籍女途人，他們分別腳傷及手擦傷，清醒被送往東區醫院治理。至於84歲姓倪男的士司機，亦被送往律敦治醫院，因交通意外，使英皇道往鰂魚涌方向近大強街的全線一度封閉，交通大受阻塞。

五名傷者中，84歲姓倪的士司機胸口疼痛，接受酒精測試合格，清醒被送往律敦治醫院，經治理後已經出院，48歲姓Singh非華裔女途人和59歲女途人同樣頭部受傷陷入昏迷，經搶救後情況危殆，另一名48歲外籍女途人右手擦損，43歲姓莊的士內地男乘客則右腿擦損清醒，四人先後送往東區醫院救治，警方正待查意外原因，案件交由港島總區交通部特別調查隊跟進。

交通意外時間為2023年陽曆3月5日接近中午一時，即「午」時，陽曆3月6日「寅」時（04:36）交驚蟄節氣，未到交節日，故仍屬農曆正月。筆者繼大師翻查通勝，此日雖非四絕日及四離日，但為驚蟄前一天，是「寅」月之氣將絕，「卯」月氣將開始，日課四柱為：

癸卯 年
甲寅 月
壬戌 日
丙午 時

據資料顯示，意外肇事人等的年齡生年如下：

（一）據報肇事的士司機姓倪，84 歲 即 1939 年己卯年生。

（二）43 歲姓莊的士內地男乘客（一般大陸人用虛齡年歲）1981 年辛酉年生，筆者繼大師推算，另一個可能就是 1980 年 2 月 4 日立春之前生。

（三）48 歲印度籍女途人右手擦損，1975 年乙卯年生。

（四）48 歲菲律賓女人倒臥在馬路上動彈不得，1975 年乙卯年生。

（五）59歲本地途人朱女士同樣頭部受傷陷入昏迷，經搶救後情況危殆，1964年甲辰年生。

他們分別是「己卯、辛酉、乙卯（二人）、甲辰」年生。

這發生車禍意外的日課「癸卯年，甲寅月，壬戌日，丙午時。」非常巧合地，這日課與五名當事人的生年有沖尅關係。肇事的士司機「己卯」年生，和另兩人「乙卯」年生，都是流年犯太歲（卯）支，另一人「辛酉」年生是沖太歲（卯沖酉）支，今年「癸卯」年與「辛酉」年生人，雖天干「辛」金生「癸」水，都屬於是天尅地沖論。

另外一人雖然並非沖犯太歲，是「甲辰」年生，但發生意外之日課為「癸卯年，甲寅月，壬戌日，丙午時。」「寅月、戌日、午時」地支三合火局，「壬戌」日亦與「甲辰」年生人地支相沖，天干雖非「庚戌」日，然而這「壬戌」日亦與「甲辰」年，同屬天尅地沖之格局。

更因為發生意外之日課地支三合火局，「戌」火庫日支正沖「辰」年水庫日支，加上三合火局之力，使沖力更為強大，引致「甲辰」年生之途人頭部受傷陷入昏迷，經搶救後情況危殆，真的是非常不幸，但願她能渡過危險時期，能盡快復原。

同樣是外籍人士，亦同樣是「乙卯」年的生人，印度籍女途人右手擦損，但菲律賓籍女人倒臥在馬路上動彈不得。印度在香港的西面，菲律賓在香港的東南面，交通意外的日課為「癸卯年、甲寅月、壬戌日、丙午時」地支三合火局，「卯」年木支又生旺火局，印度籍女途人輕傷，但菲律賓籍女人是重傷，真是同人不同命，不知是否出生地方不同，以致輕重有別。

無論如何，任何的交通意外，本人希望不再發生，祝願各人平安，重傷者盡快復原，沒有後遺症出現，駕駛車輛者平安，剎車系統及機械都能操作正常，願大家出入平安，身體健康！

茲列表如下：

肇事日課	人物	出生年份	年齡	出生干支
癸卯 年 甲寅 月 壬戌 日 丙午 時	車禍肇事的士司機，輕傷傷者。	1939年	84歲	己卯
	士內地男乘客，輕傷傷者。	1981年	43歲	辛酉
	印度籍女途人，輕傷傷者。	1975年	48歲	乙卯
	菲律賓女途人，嚴重重傷傷者。	1975年	48歲	乙卯
	本地女途人，嚴重重傷傷者。	1964年	59歲	甲辰

《本篇完》

（六）龕堂靈位安座日課

繼大師

由於政府嚴格規管擺放骨灰龕地方，以前擁有私人合法骨灰龕場地牌照的廟宇道觀，雖可永久安放，但必須受政府規管，包括管理人員，因此較有保障；雖然可以繼續經營，但新加建的骨灰位亦要重新申請。

一間道觀之道長曾對筆者繼大師說，因為要重新核實批准以前建落之骨灰位，居然要罰款八百萬港元，對於一個慈善團體的道觀來說，根本無法負擔。

有一些道觀，除供應骨灰龕位外，亦設有安奉排位的靈位，有一些人認為這並非骨灰位，沒有實質的風水效應。筆者繼大師認為有心供奉祖先者，心敬則先人在位，有一些道觀會提供先靈開光上位服務，如果主家沒有要求，道觀會安排日期自行擇日上位。

有一至親好友，在一道觀內買了已故母親靈位，那牌位尺寸很小，小於 A5 紙的大小，需要港幣四萬元，並非骨灰位，真的太昂貴，他與兄弟姊妹商量後，考慮了半年後始買下。其資料如下：

牌位為「子山午向」，亡命為「庚寅」，亡者兒子「辛酉」年生，女兒「戊午」年生。

因他們工作關係，要遷就假期，星期六、日最為方便，因此可擇的日子，非常有限。最初擇於 2023 年陽曆 5 月 7 日，星期日，早上十時正，日課四柱：

癸卯 年
丁巳 月
乙丑 日
辛巳 時

這日課沒有沖「庚寅、戊午」等年命，只是「辛酉」年命人沖太歲，尅應亡母上位，「丁」月干之祿在「午」生人命，「乙」日干之貴人在「子」山，雖「巳」月、時支與「丑」日支爭合，這種情況下，可作「丑、巳」日、時支半三合金局看，拱「辛酉」年命人，金生「子」水坐山。這日課非上格，雖屬平常日課，但沒有較大的沖犯。

後因道觀的規定，只能在下午進行，故他們再重新擇日。後擇於 2023 年陽曆 5 月 13 日，星期六，下午 2:00pm，（未時為下午 2:00 pm 至 4:00 Pm 內）日課四柱為：

癸卯 年

丁巳 月

辛未 日

乙未 時

此日課與上例年月相同，日、時天干雖位置不同，亦是「乙、辛」，筆者繼大師分析如下：

（一）「戊午」人命與「未」支成六合，日課「辛」日干之貴人到「午」人命，日課「乙」時干之貴人到「子」坐山。

（二）日課「辛」日干與「辛酉」人命同天干，「戊」人命天干之貴人到日課「未」日、時支上，「戊」祿到日課之「巳」月支上。

（三）亡命「庚寅」之天干貴人到日課之「未」日、時支上，日課「辛」日干之貴人到亡命「寅」支上。

原則上這日課可配合坐山及各人命生年，在有限度的選擇情況下，是可取用的。有時因要顧及各方面條件的限制，並非一定能夠取得大吉日課，沒有犯煞，就是吉日。

《本篇完》

（七）重修雄鷹拍翼的日課

繼大師

文氏十六世祖文立觀及妻子鄭氏，文大綱及及妻子劉氏，四人同葬土名楊柑坑，形雄鷹拍翼，位於麒麟吐肉書之青龍方落脈處，於一九七六年丙辰年仲春，呂師應文氏聘請，為此穴立向定針，向度為坐甲向庚兼卯酉分金之原。

此穴來龍祖星為麒麟山，位於新界北，在古洞以西，主峰高 222 米，鄰近大羅天山峰，大羅天高 572 米、羅天頂高 585 米和龍潭山高 550 米，其東面高處山谷為古洞水塘。麒麟吐肉書之青龍砂落脈，這裡有至少三至五條脈，眾多脈中，大部份雖非真結，但所結之平安地亦有不少，很多都是文氏祖墳。

此穴葬於土名楊柑坑，在穴上白虎方可看見麒麟山峰頂，位於穴之「壬」方，形似雄鷹之翼，故取名「雄鷹拍翼」。墳穴坐甲向庚，穴前面左方為大羅天山脈，山頂中間主峰伸出一長脈至穴正面前方，形似一長頸神獸，盡脈處是一圓金形山丘，為神獸之頭，穴正朝圓金形山丘，在穴前面明堂上出現。

一般在砂法上來説，明堂要空平，四週被山群所環繞，生氣凝聚明堂內，被穴所收納，若穴前平地上出現獨立之小山丘，會破壞了穴前明堂所凝聚之生氣；「生氣」凝聚的空間，被獨立之小山丘所佔，是為「氣結」。

穴正朝獨立之小山丘，便應後代有小產、墮胎或眼疾之患，就如前朝或羅城之山，視線被明堂上之小山丘所阻隔，如俗稱「頂心柱」，穴不能盡見朝山羅城，就是應眼疾之原因。

但亦有例外之處，若穴前遠處之朝山或羅城山脈，在穴前正中間，其羅城之山，拖出一條山脈而生出一小山丘，且正對穴場，但小山丘與遠處羅城山脈相連，在穴場上向前看，穴前平地明堂之空間，未被小山丘所阻隔，故不作「眼疾及墮胎砂」看，可作特朝吉砂看。

廿三年前（2000年），筆者繼大師考察此墳時，認為是穴前平地明堂出現小山丘，如今攀登高處詳細勘察，幸運地，雄鷹拍翼穴，其面前明堂圓金形山丘就是與大羅天山橫落山脈相連，故沒有小產、墮胎或眼疾之應。

《雪心賦》〈卷四〉（竹林出版社，卷四第二頁）云：

「一坯土居正穴之前。未可斷為患眼。一小山傍大山之下。未可指為墮胎。或作蟠龍戲珠。或作靈貓捕鼠。」

由於穴坐廿四山之「甲」山方，五行屬木，又在農曆二月仲春，若日課擇以地支三合木局，就能同旺坐山，正因為在「卯」月，只能選取「亥」日「未」時安碑，不可能在「未」日「亥」時用事，因在晚上天黑時間極為不便，在農曆二月中，只出現兩日屬「亥」支之日課。

筆者繼大師列之如下：

（一）1976年陽曆3月12日未時，四柱八字為：

丙辰　年
辛卯　月
癸亥　日
己未　時

（二）1976年陽曆3月24日未時，四柱八字為：

丙辰　年
辛卯　月
乙亥　日
癸未　時

這以第二個日課最好，筆者繼大師分析如下：

（一）「丙」年干與「辛」月干合水，雖有「辰」年土地支剋水，「辰」為水庫，「丙、辛」合而不化，但仍有力，可助旺「甲」山。

（二）「卯」月支、「亥」日支及「未」時支，三合木局，助旺「甲」山。

（三）「乙」木日干及「癸」水時干，同旺及生旺「甲」山。

惟忌「酉、巳、丑」生人需要迴避，日課能生旺或同旺坐山，即是「扶山」，不沖剋福主，而又能生旺他們，即是「相主」，兩者兼顧，加上當元旺向，巒頭沒有犯煞，必然發福發旺。

筆者現附上雄鷹拍翼穴之碑文如下：

公諱立觀乃奇卿公之長子也。原配鄭氏生二子。長宗賢。次希賢。公諱大綱字維裕。號挽回。國學生。原配鄧氏繼記廖氏。妾劉氏。生三子。長時若。次青選。三朝選。今將祖考妣四位仝葬土名楊柑坑。形雄鷹拍翼。坐甲向康兼卯酉分金之原。以誌永垂不朽。

地師呂克明先生定針

《本篇完》

雄鷹拍翼碑文

鷹頭為麒麟山

雄鷹拍翼之鷹頭

雄鷹拍翼穴

雄鷹拍翼穴之墓門

雄鷹拍翼前方明堂小山丘

（八）天干相剋的新居入伙日課——潤月與節氣

繼大師

有一家五口家庭，包括女婿，賣一細屋後，轉買一七百多尺的村屋，經過五至六個月的裝修，始大功告成，時在癸卯年。

這年雖然有農曆潤二月出現，在正五行擇日法及算命排八字的方法來計算月份的干支，是以交節日為月份干支的分界綫，剛好已過立夏，踏入農曆四月，為「丁巳」月。

一般民間計算以農曆月份為主，若遇上潤月，仍然以該月份計算，但排四柱八字不同。例如：

2023 年癸卯年陽曆 4 月 5 日是清明節，為農曆四柱中「丙辰」月（農曆三月）的開始，陽曆 4 月 20 日就是農曆三月初一，在陽曆 4 月 5 日至 4 月 19 日，是農曆潤二月初十五日至農曆潤二月初廿九日，故在這段期間內，雖是農曆潤二月，但仍然屬於農曆三月四柱中的「丙辰」月。

民間以月亮環繞地球一周為 28 天多少少，決定為農曆每一個月的計算時間，而正五行擇日法及子平八字命理在月令干支的計算法，是根據地球環繞太陽一週時的運行位置，計算出廿四節氣，由「節」為分界綫，定出月令干支，以「氣」為月令中的最中間之一日。

新屋裝修了約半年，預定入伙日期為 2023 年陽曆 5 月 20 日之後，男女屋主為「丙午」年命生人，女兒及女婿為「戊辰」年命生人，幼子「甲戌」年命生人，因為沒有屋子坐向資料，故擇日日課只相配各人之年命，雖非圓滿之法，但沒有沖尅，就是吉祥。

日課擇於 2023 年陽曆 5 月 25 日星期四早上十時（九點至十一點），入伙日期四柱八字為：

癸卯 年
丁巳 月

癸未　日
丁巳　時

筆者繼大師現分析入伙日課對居住者的好處如下：

（一）日課本身「癸」年、日天干之貴人到「卯」年、「巳」月及時支上，地支木火旺「未」土支，與「巳」時支拱兩「丙午」戶主人命支，戶主「丙」干之祿到日課「巳」月、時支上，日課日、時干「丁」祿在「午」命支上。

（二）女兒及女婿之「戊辰」年命，天干之祿亦到日課「巳」月、時支上，日課「卯」年、「巳」月，拱兩「戊辰」年人命，因廿四山「卯、辰、巳」之排列，「辰」支在中間，為拱格也。

（三）「甲戌」人命天干之貴人到日課「未」日支上，整個的日課地支「卯」木年支生「巳」月火支，及「巳」時支火，一同生旺「戌」土人命支。

雖然日課天干互相相剋，兩「癸」水年、日干，剋兩「丁」火月、時干，但以配合人命來說，日課「癸」水生「甲戌」人命干，「丁」火生「戊辰」人命干，亦生旺「丙午」年命男女屋主，眾人的年命干都得以生旺。所以有時日課本身干支相剋，未必是壞事，只要能同時生旺各人的年命干支就是吉祥。

總括以上所論，除了屋之坐向外，這日課都可生旺各人，擇日法是靈活使用的，只要配合巧妙的技巧，就能吉祥如意。

《本篇完》

（九）租屋搬遷入伙日課 ── 地支拱山的格局

繼大師

大凡擇日，以扶山相主為重，屋子的坐向最好能知道，在沒有磁力影響之下量度更為準確，若得知在羅盤廿四山之何方，則可擇日扶之。

茲有一對新婚夫婦，因工作地點轉變，找到一名親戚擁有的村屋租住，三樓連天台，屋子背山而面一平地，靠山、青龍、白虎、案山及明堂均齊全，旺中帶靜，格局很難找到。

此地非比尋常，向度又是「子」山「午」向，一切良好，惟獨是地下入口正對山邊，山邊防土牆與地下入口距離只有約四尺深，雖然有此缺點，但得天光之氣，亦甚吉祥。

因舊屋要限時交還，並希望能夠在 2023 年陽曆 5 月 20 日之前，最好是星期六或星期日入伙，他們於 2023 年陽曆 5 月 7 日星期日始決定租此村屋，故時間緊迫。親戚戶主為他們擇於 2023 年陽曆 5 月 13 日星期六早上。屋子及各人資料如下：

入伙之村屋為 —— 子山午向

新男租客 —— 於 1979 年「己未」年生

租客妻子 —— 於 1990 年「庚午」年生

筆者繼大師翻查日課，是日為滿日，不能用「午」時，正因「子」坐山，為「子、午」相沖也，早上只有兩個時辰可以選用，其四柱八字，列之如下：

第一個時辰為 2023 年陽曆 5 月 13 日早上辰時 8:00am（7:00am 至 9:00am）日課四柱：

癸卯 年

丁巳 月

辛未 日

壬辰 時

（一）此日課時辰年、日、時天干為隔干人中三奇「壬、癸、辛」，日課本身「壬、癸」天干之貴人在「卯」年支及「巳」月支。

（二）日課「壬、癸」天干雖然沒有到兩人之生年命支上，但日課「辛」日干之貴人到女命「庚午」地支上，日課「丁」月干之祿在「午」人命支，加上是隔干人中三奇格，女命「庚」干之貴人在日課之「未」日支上，亦甚吉祥。

但考慮早上八時正，時間未免太早了，預約搬屋公司亦不甚方便，亦可能要加錢。

第二個時辰為 2023 年陽曆 5 月 13 日早上十時正，日課四柱為：

癸卯 年
丁巳 月
辛未 日
癸巳 時

（一）日課本身「癸」年、時干之貴人到「卯、巳」之年、月、時支上，日課「辛」日干之貴人到「庚午」人命支上，日課「辛未」日與男租客「己未」地支同旺。

（二）日課「巳」月「未」日「巳」時，拱「庚午」女租客生年之地支，因地支排列為「巳、午、未」故。日課「丁」月干之祿到「庚午」女命支上。

（三）日課「癸」年干及時干之祿到新居「子」坐山上，「癸」祿在「子」也，兩「癸干」能扶山也。

由於很多人搬屋都找星期六及星期日或公眾假期，大部份搬屋公司都被卜滿檔期，他們連續找了六間搬屋公司在當日都客滿，故只好預約了2023年5月16日星期二，日課四柱為：

癸卯 年

丁巳 月

甲戌 日
己巳 時

這日課「甲」日干與「己」時干合化土，「卯」年木支生「巳」月火支，再生旺「戌」土日支，「巳」時火支亦生旺「戌」日土支，大旺「己未」男命生人，日課「丁」干之祿到「午」女命生人。

日課雖可旺人命，但火土一片，剋村屋「子」坐山。這有兩個方法解決這問題，筆者繼大師述之如下：

（一）用第二個時辰早上十時正，入新屋拜當天及四角。日課四柱為：

「癸卯年，丁巳月，辛未日，癸巳時。」

然後在 2023 年 5 月 16 日星期二「巳」時搬家物入屋。日課四柱為：

「癸卯年，丁巳月，甲戌日，己巳時。」

（二）用搬屋公司的時間，2023 年 5 月 16 日早上十時，日課四柱為：癸卯年，丁巳月，甲戌日，己巳時，於早上九時十分入新屋內，於吉方起拜，留意「午、未」方為都天煞，「丁」方為都天夾煞，「庚、酉、辛」方為三煞，「申」方為劫煞，「戌」方為歲煞，避開煞方，故可在「巳」方起拜，順時針方向拜四角，一切吉祥如意。

這些都是權宜之計，避重就輕，新戶主夫婦採用第一個方法，一切如意吉祥。

《本篇完》

（十）令醫生恐慌的日課——沖驛馬原理

繼大師

在香港城市之中，上了年紀的長者，部份有慢性疾病，即使沒有嚴重病患，少不免會有三高出現，血壓高、血糖高、膽固醇高，或是尿蛋白高等，有些長者未必是患上這三高之病，或是到達邊緣界線，也可以不用吃藥，調節自己的飲食衛生習慣及作出適當的運動便可，但只要是曾經患過病的人，康復後也需要定期約見醫生。

在一般情況下，一旦開始吃上西醫的降血壓藥，就很難停止，有人認為中醫不能把血壓高病治好，西藥可維持血壓正常而且效率快捷，但西藥有副作用，容易令肝腎衰弱；中藥雖然治療較緩慢，但較沒有副作用，這要看中醫師的醫術及與患者病情的配合了。

其實血壓高不是一種病，真正的是身體在健康上出現什麼問題而令致血壓高呢！譬如患上心臟病、痔瘡、肝腎五臟六腑，還有特別的暗病而引起血壓高，但最重要的就是控制自己情緒，不要激動，否則容易中風，故治療疾病的根源，比起頭痛醫頭，腳痛醫腳，更為有效。

有一友人到診所覆診，三年前患有血壓高，吃西藥之虞，同時看一老中醫，每日分開時間地吃西藥及中藥，每晚煲中藥吃，如是者二年多，吃了二百多劑藥，平時並注意飲食，結果兩年後，在不需吃藥之下，血壓病得以痊愈；在西醫方面，他要定期約見醫生複診。

由於他很重視及着重自己的身體狀況，因此心理容易較為緊張，每當複診量度血壓時，心情緊張，上壓達 190 多度，但他平時早晚都量度血壓都非常正常，早上 120 多度，晚上 130 至 145 度，醫生曾經叫他在複診時帶回家中的血壓計前來檢查是否正常，結果是正常的。醫生說他患了白衣症，就是在診所量度血壓時，一見醫護人員就緊張而引致血壓高了，這是身不由己的。

一天友人複診，情況同過往一樣，他向醫生解釋在診所內對於量度血壓時心情緊張，但無法控制，以致血壓很高，並說平時血壓正常，已經兩年多沒有吃過血壓藥了，上一次複診四個月的藥也沒有吃，只是不好意思推卻醫生開的藥吧了。友人兩週前曾驗血驗尿，醫生說化驗報告結果尿蛋白比起正常高了0.1，膽固醇比正常高了0.6，其餘心肝脾肺腎一切正常。

醫生給他把脈，說他心跳穩定及正常，當醫生檢查完他的脈搏後，醫生對他說：

「你的緊張心情影響到我也有壓力而緊張，不只如此，你令我感到非常不安及恐懼，非常危險，感覺生命受到嚴重威脅。」

友人聽後立刻向醫生連忙道歉，說沒有對醫生有任何不敬，只是解釋清楚自己的心理狀況；醫生默不作聲，似乎不理會他的解釋。友人心想，真是啼笑皆非，有沒有那麼嚴重呢！這個醫生心理、精神是否有問題？應該要看心理醫生，他向醫生道歉後立刻離開診所。

友人「未」年生，當日看醫生的時間，其四柱八字，筆者繼大師分析如下：

癸卯 年
丁巳 月
乙亥 日
辛巳 時

（一）是日為「月破」日及「日破」時，通勝註：「忌栽種嫁娶，宜破屋壞垣」。有大耗、月破、重日、大空亡」等凶星。

（二）「乙亥」日與「丁巳」月的干支正好天尅地沖，「乙亥」日與「辛巳」時又是天尅地沖，本身日課「卯」年與「亥」日不能半三合木，因「巳」月支相隔。

（三）本身日課「癸」年干之貴人在「卯」年支、「巳」月及「巳」時支，「丁」月干之貴人在「亥」日支。

（四）「未」年支命人與「卯」年支、「亥」日支三合木局，「巳」日、月支正沖「未」年支人命的驛馬「亥」支。

筆者繼大師現將沖驛馬原理闡述如下：

（一）逢「亥、卯、未」三合木局年命生人，「亥」為長生，「卯」為帝旺，「未」為墓庫，遇上「巳」支沖長生者，就是沖驛馬，故「巳」支為「亥、卯、未」年命生人的沖驛馬地支，以「亥」年命人為重，「卯、未」年命生人次之。

（二）逢「巳、酉、丑」三合金局年命生人，「巳」為長生，「酉」為帝旺，「丑」為墓庫，遇上「亥」支沖長生者，就是沖驛馬，故「亥」支為「巳、酉、丑」年命生人的沖驛馬地支，以「巳」年命人為重，「酉、丑」年命生人次之。

（三）逢「寅、午、戌」三合火局年命生人，「寅」為長生，「午」為帝旺，「戌」為墓庫，遇上「申」支沖長生者，就是沖驛馬，故「申」支為「寅、午、戌」年命生人的沖驛馬地支，以「寅」年命人為重，「午、戌」年命生人次之。

（四）逢「申、子、辰」三合水局年命生人，「申」為長生，「子」為帝旺，「辰」為墓庫，遇上「寅」支沖長生者，就是沖驛馬，故「寅」支為「申、子、辰」年命生人的沖驛馬地支，以「申」年命人為重，「子、辰」年命生人次之。

通常沖驛馬的時辰，會剋應發生變動，有變數，或是旅行、轉工作、搬遷等。這單單破日、破時沖驛馬而複診，就做成誤會，最後這位醫生轉介病人去看營養師，亦剋應了沖驛馬的時辰。這位醫生的生年是否為「巳、亥」相沖的地支，或是「酉」年生而沖「癸卯」太歲，那就不得而知了。

其實吃藥是其次，心理素質好重要，相信未必一定是在沖剋之日而發生誤解，個人修為非常重要，日課是配合人為因素所導致不良結果的應驗。

所以凡事宜多忍讓，則可避免煩擾，天下間真的有很多奇怪的事發生，有時令人費解，醫生也是人，有些是能醫不自醫，不過剛逢日課的沖破，剋應出不愉快的事件，若能自我控制，一切都能相處和睦，皆大歡喜也。

《本篇完》

（十二）五二〇結婚日課的吉凶

繼大師

新聞報告謂今 2023 年 5 月 20 日，有 232 對新人結婚，為何有那麼多人選擇在此日期結婚呢！原因是 520 國語諧音是「我愛你」，是日為農曆四月初二，有些通勝說「不宜嫁娶」，有些人相信，所以取消選擇此日結婚，因此今年比去年減少 170 宗。

筆者繼大師查閱傳統的通勝，是日吉星為「母倉、歲德」，忌「置產、祭祀」，為「收日」，是日「胃宿」值日，為西方「顥天」中之一宿，西北幽天有壁宿、奎宿、婁宿，西方顥天有胃宿、昴宿、畢宿，西南朱天有觜宿、參宿、井宿，這七星宿形成虎形，春分時節在西部的天空，故稱「西方白虎七宿」。

是日有「劫煞、土符、天罡、陽將」等神煞，不宜動土、落葬、安碑等，但若是結婚，必須配合新郎新娘的人命生年即可。2023 年 5 月 20 日四柱為：

癸卯 年

丁巳 月

戊寅 日

丁巳 時

一般情況下，結婚用事，通常在早上九時至下午五時，在這段時間內的時柱為「丁巳」、「戊午」、「己未」時，「庚申」時為日破時，一般結婚不用破時，通常在早上9:00至11:00用事，為「巳」時。筆者繼大師分析此日課如下：

（一）這日課本身「癸」年干之貴人在「卯、巳」年、月、時支上，「戊」日干之祿到「巳」月、時支上，故「巳」時為日祿歸時。

（二）日課地支「卯、寅」生兩「巳」支，故木火甚旺，月、時兩「丁」火干之陽刃亦在兩「巳」支。

（三）2023年5月21日下午3:08Pm為小滿，是「巳」月的中氣，2023年5月20日為小滿前一日，為「巳」月中氣之交接日，故火旺。

此日課可配下列人命：

（一）對於屬金命的人是凶的，如「庚申、辛酉」或「戊申、己酉」人命生年，因火剋金之故。

（二）對火命人則吉，如「丙午、丁巳」或「甲午、乙巳」等人，木火旺故。「癸」年干之貴人到「巳」命，很相配，日課「丁」月、時之陽刃到「巳」，但因「丁巳」是在同一柱內，故不足為慮，只是少少瑕疵，若是「癸巳」就不太適宜，因「丁、癸」相剋。

此日課「己未」時較好，四柱日課為：

癸卯 年
丁巳 月
戊寅 日
己未 時

「己未」時剛好是貴人登天門時，大吉之時辰也，亦是「戊」日之貴人時，日貴之時，配合「戊午、庚午、丙午」生年人命最為適合，在這時辰用事最為適合，尤其是登記註冊結婚，是大吉之時也。

此日課忌「酉、亥、申、丑」人命用事，因沖尅之故，天干忌「壬」水，尤其是「壬申」年命生人，因與日課「戊寅」日柱天尅地沖。

單憑520國語諧音「我愛你」而擇於陽曆五月廿日，若逢日柱沖尅生年，則不吉也。所以選擇日課結婚是非常靈活的，並沒有絕對好壞，只是對某些人是適合，對某些年命生人是凶，知其原理，擇日便能得心應手，趨吉避凶，一切吉祥如意。

《本篇完》

（十二）結婚吉日不能改變命運

繼大師

茲有一對男女擇日結婚，男命生年為：

癸亥 年
乙卯 月
丙寅 日
甲午 時

胎元「丙午」，命宮「庚申」，男母生年「戊戌」，男父不在。

女命生年為：

癸亥 年
己未 月
癸未 日
壬戌 時

胎元「庚戌」，命宮「甲子」，女父生年「壬辰」，女母生年「丙申」。

擇於2012年9月29日過大禮，四柱日課為：

壬辰 年
己酉 月
癸巳 日
辛酉 時

只要日課不沖「癸亥、庚戌、甲子、壬辰、丙申、丙午、庚申、戊戌」就是，但「癸巳」日沖「癸亥」，日課「辰、酉」年月支合金，「巳、酉」半三合金局，其實是可以生「亥」水的，其次是過大禮比起註冊結婚日子為次要，此日課雖有少許沖破，但為人中隔干三奇「壬、癸、辛」貴格，可化解也。

由於在「壬辰」年結婚，男母生年「戊戌」，為天剋地沖之年；女父生年「壬辰」，為坐太歲之年，剋應女兒結婚，有時沖剋會有變化，剋應兒子及女兒結婚，沖剋生年太歲未必是壞事。

男女方上頭時間為：2012年11月30日，四柱日課為：

壬辰 年
辛亥 月
乙未 日
丁亥 時

此日課非常適合上頭，助旺新郎、新娘「癸亥」人命生年。

男家新郎出門接新娘在2012年12月1日，因為「巳」時（9:00am至11:00am）為月破時，因避免衝破，所以擇於「辰」時，2012年11月22日是小雪，至12月21日冬至，月令「寅將」，「丙申」日之「貴人登天門時」在「辰」時。四柱日課為：

壬辰 年
辛亥 月
丙申 日
壬辰 時

註冊結婚時間在下午五時正，四柱日課為：

壬辰 年
辛亥 月
丙申 日
丁酉 時

日課「丙、丁」日、時干之貴人同在「亥」月支及新郎、新娘之「癸亥」生年地支上，亦到日課本身的「酉」時支上，為日貴時，日課「申、酉」日、時支屬金，生「亥」水支，原則上日課是沒有問題的，可以使用。

男女雙方上頭日課為：壬辰年，辛亥月，乙未日，丁亥時，地支三合「亥、卯、未」木局，結婚後三年，於2015乙未年農曆九月（丙戌月）生一女兒，剋應了「亥、卯、未」三合木局之年。

結婚八年後，新郎任職公務員紀律部隊，2020 年新冠疫情開始，若干個月後，政府公務員必須要打防疫針，不知什麼原因，他堅持不打，結果失去工作，新娘對此事有意見，雙方鬧得很不高興，不知是否會引致離婚。

縱然日課沒有沖尅，或有吉星化煞，一段婚姻，並不是擇一個良辰吉日結婚，便可以解決問題，若然這樣，便是迷信。有些情況下，命運是決定於自己的思想行為及修為，不能怪責別人，我們學術數的人，切不可被術數所迷惑，所謂：「**盡人事以應天命**」，配合實際環境行事，但願他們思想能有所改變，為了家庭幸福，能夠實際地走在人生道路上。

《本篇完》

（十三）三合局歲破時的意外

繼大師

於2023年7月16日傍晚時份，筆者繼大師在工作期間，適逢三號風球，落微微雨，天雨路滑，突然聽到一聲巨響，未幾聽到消防車、警車、救護車的聲響一齊來，當時不以為意，半小時後，離開工作地方，一出大廈門口，消防車、警車、救護車排滿路上，他們的緊急燈光閃過不停，如臨大敵，原來是發生交通意外，這樣的場面，相信不會輕微。

筆者繼大師當時在現場，即前往肇事地點看過究竟，發覺的士停在路中間，左邊車頭嚴重受損，若然司機隔離有乘客的話，必然重傷，的士前面左方路邊有一兩類似私家車大小的黑色輕型貨車及白色私家車，白色車緊貼左方路邊，黑色輕型貨車與它貼着並排，挨近行人路邊，很多消防員在現場戒備，各傷者已送往醫院。

翌日新聞報道，2023年7月16日晚上接近七時，葵涌有三車互撼，十人受傷送院，一輛輕型貨車、一輛私家車及一輛的士發生相撞，消防處派出多輛救護車到場救援，十名傷者經治理後全被送往瑪嘉烈醫院救治，其中兩人傷勢較重。

據初步了解，涉事車輛當時正沿葵涌往九龍方向行駛，其間的士車頭撞到輕型貨車後，貨車再撞向私家車，警方正調查意外原因。

筆者繼大師翻查日曆，發生意外時間還未到晚上七時，故仍屬「酉」時（5:00pm 至 7:00pm）日課四柱如下：

癸卯 年
己未 月
乙亥 日
乙酉 時

筆者繼大師分析日課如下：

（一）日課四柱純陰，年、月、日地支為「卯、未、亥」三合木局，日、時天干為「乙」，木氣強盛，大旺東方震宮，除了日課本身「癸卯」年天干「癸」之貴人到「卯」支外，其餘三柱，並無貴人。

（二）日課最壞的地方，就是在「乙酉」時，為歲破時，地支為「卯、未、亥」三合木局力量最大，以「卯」支為中心，正沖「酉」時支，木強金弱，車禍屬金。

（三）尅應之人，其年命最凶為「酉」屬雞，其次是「巳、丑」年命人，再次者為「卯」，最後是「未、亥」年命人士，可惜並無傷者各人之生年資料，若有，則其尅應之年命，可互相引証。

（四）事有湊巧，行車的方向，由東北向西南行，正是發生交通意外行車時的方向，在羅盤廿四山為「丑、未」方，在羅盤六十四卦上，「丑」兼「癸」方屬震卦，「未」兼「丁」方屬巽卦，車由「丑」向「未」方而行，尅應了日課「亥、卯、未」地支。

「亥、卯、未」地支宮位，先天屬於震宮，肇事的車輛由「丑」方之震卦，撞向「未」巽卦之的士車頭，真是非常巧合，無論24山及64卦，均非常應驗，是日通勝說生年相沖為「辛巳、乙巳、己巳」年命干支，吉星有：「**六儀、三合、陰德、十靈**」，是定日，為大吉之日。

同日下午約四時，香港懸掛三號風球，在南灣泳灘，有一名菲律賓43歲女子（庚申年生），被一棵突然倒塌的大樹壓傷頭部、手部及腳部，即時倒地昏迷不醒，幸好有救生員即時在場協助及報案，後送往醫院治理。

發生意外日課的四柱如下：

癸卯　年
己未　月
乙亥　日
甲申　時

這日課同是年、月、日地支「卯、未、亥」三合木局，大樹倒塌，是屬於「木」的災難，當事人「庚申」年生，意外發生在「甲申」時，與當事人同是「申」支，日課時支尅年、月、日三合木局支，雖金尅木，但木非常強，金非常弱，尅應了大樹倒塌的災劫。

日課「己」月，「乙」日干，其貴人在「申」時及在菲律賓籍女子當事人「庚申」地支上，其貴人就是救生員，即時在場協助及報案，否則受傷程度更加嚴重，不幸中之大幸也，五行生尅之數，真的不可思議，

這日通勝說是大吉之日，這是一般正常來說，但對於沖尅年命干支的人是凶的，但若非用於特別事情，通常都不必計較日課的吉凶，因為今日不知明日事，世上罕有未卜先知之人，一切都是命運吧！但願受傷之人能痊愈，早日康復，意外不再發生。

《本篇完》

在場的消防人員

交通意外的士

現場救護車及警車

現場消防車

（十四）結婚日課尅應子女生年 — 擇日權宜法

繼大師

廿七年前，有一對男女選擇 1996 年「丙子」年中或年尾註冊及擺酒結婚，因男女父母年紀老邁，為防止他們意外地百年歸老，於是提議先註冊後擺酒，能夠看見兒子女兒結婚，是父母的心願。

新郎「丙申」年生，胎元「乙酉」，命宮「戊戌」，男父已不在，男母「己未」年生。

由於新娘生於 1962 年 1 月尾，未過 2 月 4 日立春日，故仍作農曆「辛丑」（1961）年計算，新娘胎元「壬辰」，命宮「癸巳」，女父「癸亥」年生，女母「乙丑」年生。

日課盡量避免衝尅：「丙申、辛丑、乙酉、戊戌、己未、壬辰、癸巳、癸亥、乙丑」等干支，但有時候牽涉干支太多，只有用權宜之法。

過大禮擇於 1996 年陽曆 7 月 7 日下午六時正，日課四柱：

丙子 年
乙未 月
乙巳 日
乙酉 時

女父「癸亥」年沖「乙巳」日，權宜之法，女父要迴避，可在過大禮的時辰內不在家中，筆者繼大師分析這日課之好處如下：

（一）因男命「丙申」，日課月、日、時之「乙」干為天干三朋格，「乙」干之貴人到除到本身「子」年支上，亦到男命「丙申」地支上，共有天干三個貴人。

三個「乙」木干生命「丙」干火，陰木生陽火為正印，生旺「丙申」男命。

（二）日課「丙」年干之貴人到本身日課之「酉」時支上，女命「辛丑」天干之祿到日課之「酉」時支，日課「乙未」月沖「辛丑」女命，亦沖女母「乙丑」命地支，月令干支之沖尅影響較少，主要是日柱干支影響較大，原則上這日課對於男命較好。

因男母身體狀況欠佳，她生於1918年「己未」年，是年已78歲，為了使她早日飲新抱茶，所以時間緊迫，為了遷就註冊日期，在無可選擇之下，只好用「乙未」月，以「未」支助旺她的年命，因此日課月支沖新娘及女母，一利必有一害，看看日課如何取捨吧！

最初選擇兩個日子註冊，次選為1996年陽曆7月二日下午四時正註冊，日課四柱：

丙子 年
乙未 月
己酉 日
壬申 時

首選 1996 年陽曆 7 月 10 日下午四時正註冊，因「戊申」日更旺男命，故選用此日課，四柱如下：

丙子 年
乙未 月
戊申 日
庚申 時

（一）男母「己未」及女母「乙丑」年命之「乙、己」天干之貴人到此日課之日、時「申」支及「子」年支上，日課之「乙未」天干貴人亦到男命「申」支上。日課之「戊、庚」之貴人到日課本身的「乙未」月支上，亦到男母「己未」年命、女母「乙丑」及新娘「辛丑」之「丑、未」地支上，因「戊、庚」之貴人在「丑、未」故，日課兩「申」支助旺「丙申」男命支。

（二）日課本身是「羅紋交貴格」，雖然日課之「乙未」月沖「丑」命，但其「乙」干之貴人在日課本身「子」年支及「申」日、時支上。

雖然此日課有少許缺陷，但吉凶互補，事實上日課要遷就的人命干支頗多，此日課並沒有沖尅新娘之「壬辰」胎元、「癸巳」命宮及新郎之「乙酉」胎元、「戊戌」命宮等地支。

此註冊結婚日課，進行一切順利圓滿，男母得償所願，能飲新抱茶，之後到年尾陽曆 12 月再擇日正式擺酒結婚。

因上頭時間在結婚擺酒日之前一天晚上，其日干支為「己卯」日，晚上「乙亥」時（9：00Pm至 11：00Pm）日課四柱為：「丙子年，庚子月，己卯日，乙亥時」，地支之日、時為「卯、亥」半三合木局，男新郎為「丙申」年生，男命「申」金地支尅「卯、亥」半三合木局地支，大大地洩「申」金之氣。

若是選擇在（7：00Pm至9：00Pm）上頭，日課四柱為：「丙子年，庚子月，己卯日，甲戌時」，「甲戌」時與「己卯」日天干「甲、己」合土，地支「卯、戌」合火，男新郎為「丙申」干支，日課天干五合土洩「丙」火干之氣，火生土故；地支六合火尅「申」金男命地支之氣。

不得矣，用權宜之法，取翌日初子時，為爭取新人多些睡眠時間，以交翌日後零時 15 分用事，上頭時間為 1996 年陽曆 12 月 9 日 0015am，日課四柱：

丙子 年

庚子 月

庚辰 日

丙子 時

地支三個「子」為隔着日支之三朋格，「辰」日支、「子」時支為半三合水局，女命「辛丑」與「丙子」時辰之天干地支六合土，水土同宮，男命「丙申」與日課「丙」年、時之天干同氣，地支「申、子、辰」合水局，日課月、日「庚」干之祿在「申」男命地支上，極為配合也。

翌日 1996 年陽曆 12 月 9 日擺酒，早上八時正接新娘，日課四柱：

丙子年
庚子月
庚辰日
庚辰時

日課年、月「子」支與日、時「辰」支半三合水局，邀拱男命「申」支，對男命而言，「子、辰」邀拱「申」支，為邀拱格。

日課為天干三朋格，月、日、時天干三個「庚」之貴人到「辛丑」女命、女母「乙丑」及男母「己未」等地支上，三「庚」之祿在男「申」年命支上，此日課非常特別，天干及地支均成格成局。

回門後於下午四時到酒樓，日課四柱：

丙子 年
庚子 月
庚辰 日
甲申 時

這些日課地支為「申、子、辰」三合水局，男「丙申」年生，女命「辛丑」生年，在過大禮之日課，天干有三個「乙」，為天干三朋格，貴人到「申」，接新娘日課三個「庚」，貴人到「丑」支女命。

事有湊巧，他們結婚後翌年，1997年「丁丑」年尾生一女兒，筆者繼大師分析其尅應原理如下：

（一）過大禮日課：丙子年，乙未月，乙巳日，乙酉時，日、時「巳、酉」邀拱「丑」支，「乙未」月沖「丁丑」，接新娘日課三個「庚」天干之貴人到「丑」支。

（二）註冊日課：丙子年，乙未月，戊申日，庚申時，日、時「戊、庚」天干之貴人到「丑」支。

上頭日課地支三個「子」為隔着日支之三朋格，擺酒結婚之日課地支均年、月為「子」支，與「丑」支六合土。

結婚後第八年，2004「甲申」年再生一子，筆者繼大師分析其尅應原理如下：

（一）結婚註冊日為「戊申」日，「庚申」時，與「甲申」年生子，其天干均是天上三奇「甲、戊、庚」，地支均是「申」。

（二）過大禮日課四柱為：「丙子年，乙未月，乙巳日，乙酉時」。天干三個「乙」之三朋格，貴人到「申」，接新娘日課：「丙子年，庚子月，庚辰日，庚辰時」，月、日、時之天干均是「庚」，三「庚」之祿在「申」被日課年、月「子」支及日、時「辰」支所邀拱。

所有結婚擇日之日課離不開「子、辰、申」地支，及天干「甲、戊、庚」，均與男命「丙申」及女命「辛丑」年命有關，繼而影響子女的生年，大女在「丁丑」年生，細子在「甲申」年生，這是一個非常經典之結婚尅應日課，嘆未曾有，此乃真人真事，並無半點虛假。

筆者繼大師很驚奇，原來真的不要小看結婚之擇日日課，看似普通，原來裏面藏有很深奧的學問，擇日結婚後，能影響子女未來的出生年份，這是一個很驚喜的發現，真是做到老學到老。

筆者現毫不保留地公開在正五行擇日法上的個人經驗，與各讀者一同分享，期望大家有所得着。

《本篇完》

（十五）天馬山及生基之坐山尅應 —— 定出吉凶尅應年份的口訣

繼大師

有一位鄺先生，七十多歲的父母健在，但人終會百年歸老，在未雨綢繆之下，他打算代父母找一骨灰龕位做生基，於是聯絡一位姓黎地師，於 2005 年「乙酉」年找得一道觀內的骨灰龕位，當時政府並沒有嚴格規管骨灰龕位的買賣，故很順利地購下兩個龕位，繼而外父外母相繼去世，於是加買兩個龕位，十多年後，道觀已停止買賣，直至政府批准合法化為止。

此道觀骨灰龕位位置非常好，正上後方之平地是道觀，道觀下方是骨灰龕位，無論道觀及龕位，均正靠天馬山之馬鞍，格局非常好，左右有脈守護，夾耳齊備，前面有大平地，內明堂緊聚，明堂平地末端有一人工水池，池中建有亭台樓閣，有曲尺形小橋橫跨至水池中間，左右有山脈守護，形為日池，形格相應，象徵天象，所謂：「**在天成象，在地成形。**」

遠處外明堂是內海，兜收左前方遠處逆水，若論格局，山環水抱，非常有情，可遇不可求。

鄺生父親生於 1929 年己巳年，母親生於 1936 年乙亥年，事有湊巧，剛好骨灰龕位是「巳」山「亥」向，與父母生年地支相同，亦是雙山雙向格局，「巳、亥」為驛馬，其位置前方收得大逆水。鄺父為人脾氣異常暴躁，經常因少少事而打人，時常被拉到警署去，曾入住老人院，亦曾被關入精神病院內。

一天鄺父對其兒子說，昨晚夢見自己（鄺父）的祖先對他說，你還未死嗎？為什麼你還能夠在人間活着？嚇得鄺父從夢中驚醒，醒後尤有餘悸。鄺生聽後，覺得為他們所做的生基，對父母親有良好的效應，雖然脾氣暴躁的根性不能改，但至少能長壽及健康一點。

鄺生之外父外母已逝世多時，同樣地放在這道觀的骨灰龕位內，與父母生基是隔離位置，鄺生有一大兒子生於「丁丑」年（1997 年），大學畢業後做金融事業，自少對於飛機駕駛很有興趣，在嚴格及多人競爭之下，今年（癸卯年）幸運地考入了香港飛機師訓練班，接受飛機駕駛訓練，畢業後可做飛機師，家人替他高興。

背靠天馬形馬鞍山之四個骨灰龕位，配合「巳」山「亥」向，男孫子「丁丑」年生，與「巳」山成「巳、酉、丑」三合金局，孫子「丁」干生年，「丁」之貴人在「亥」向，與骨位坐向全相符。

一般陰陽二宅的尅應，筆者繼大師的用法口訣如下：

以三元元運，用六十四卦，配合山水零正，定出吉凶，合局者為吉，破局者為凶，以廿四山之坐山及向度，推算出尅應吉凶的年份，這是古人三元家推算吉凶之方法。

首先以骨灰龕位的坐山為主，「巳」山，則應「巳、酉、丑」年及後代人之年命地支，其次是向，即「亥」山，這四個山是正常的推算法，其次是除向度外的三合方，即「卯、未」年支。

這種推算法非常精準，比起流年紫白飛星的推算法還要準確，但必須要配合 64 卦所定出之吉凶去配合，吉則應吉，凶則應凶，由此推算出尅應的年份。

鄺生的兒子「丁丑」年生，得祖父母的生基福蔭之力，再加上外祖父母骨灰龕位力量，同是「巳」山，合共四人得到天馬形馬鞍山地靈之力，福佑孫兒「丁丑」年命，但願他能完成飛機師的訓練課程，早日完成駕駛飛機之夢。

《本篇完》

（十六）安碑日課與雙山雙向的尅應

繼大師

在馬來西亞馬六甲有日落洞公墳，是馬來亞半島由北向南行將盡止之地，再往南行，就是整個馬來亞半島南部的柔他佛州，均是南行地脈餘氣，一內海之隔，就是最南面的新加坡，地脈盡止之地。

在日落洞公墳內曾有一位已故三元地師陳清水老先生替他姓郭徒弟之養父點有一地，在的穴處左邊青龍位約六至十尺位置，的穴處已早被一位名師給一對張氏夫婦造葬多年，緊貼穴星，其造葬工夫，無論巒頭理氣，都配合得非常恰當。

此穴範圍，形象太極。郭徒弟養父所葬之地，雖非真結，本來沒有形煞，巒頭是可以的，但陳地師偏偏立了一個界線中間的向，艮兼丑坐山，為「無妄䷘、隨䷐」兩卦界線，坤兼未向度，為「升䷭、蠱䷑」兩卦界線。

陳老地師認為這是三元派別的「雙山雙向」，這種立向方法，原於【明】孫長庚國師所遺下的三元卦理秘本著作書籍，載於現代由署名「無際山人」所著的《三元玄空大卦秘傳》內，（武陵出版社印行），內容部份是否被人刪改，那就不得而知了。這種立向法，筆者繼大師並不苟同，本人在學習元空大卦之時，期間剛好在江西三僚村考察，與 呂師同住一房，曾問 呂師關於這個立向的問題，答案是「不可」，只可用於「收山、收水」，但怎樣收，在當時來說，就不得而知了。

這個煞向立下之後，其大馬的陳師父已經逝世，這「坤兼未」坐山，「艮兼丑」向度，尅應了郭徒弟在2003年「癸未」年駕駛私家車發生意外，慶幸地他本人沒有受傷，但車輛已毀壞，不幸中之大幸也。巒頭無大礙，只是「坤兼未」坐山，尅應「癸未」年車禍，是煞向受元空煞氣之所致。

郭徒弟知道自己所學不足，他以風水為職業，為了在學術上精益求精，遠赴香港，尋找三元明師學藝，終於有緣遇到他以前的香港風水師父的師父「明地師」，於是連續數年，每年到香港一次學習一星期至十天。不久於「丁亥」年便邀請明地師前往日落洞勘察其養父祖墳，其人命及坐山錄之如下：

郭父祖墳修改向度為：「未山丑向兼丁癸」，為貪狼大卦，郭徒弟為「辛卯」年命。

動土日期為 2007 年陽曆 11 月 17 日正午 12:00，日課四柱：

丁亥 年
辛亥 月
乙卯 日
壬午 時

日課月、日「亥、卯」支半三合木局，助旺「辛卯」祭主年命，及與「未」山成三合木局，「辛卯」年命人祭主之貴人到日課之「午」時支上，日課「午」時支與「未」山合日月，此動土日課沒有犯土煞，可以使用。

安碑日課最初擇於 2007 年陽曆 11 月 24 日早上六時，日課四柱為：

丁亥 年
辛亥 月
壬戌 日
癸卯 時

此日課為人中三奇「壬、癸、辛」，「戌、卯」日、時合火而不化，火生「未」山，亦旺「辛卯」人命，「壬、癸」天干之貴人到「辛卯」人命，原則上是可以使用的，但因時間在早上六時正，太早而安碑不便，日課「戌、卯」日、時合火與年、月「亥」水支相剋，不甚吉。

最後使用下列安碑日課，2007 年陽曆 11 月 21 日下午二時，四柱八字如下：

丁亥 年
辛亥 月
己未 日
辛未 時

此日課年、月「亥」支與日、時「未」支半三合木局，邀拱「卯」祭主人命，月、時兩「辛」干與「辛卯」祭主相同，給予助旺。此為「邀拱格」，對「辛卯」人命是非常相適合的；日課「丁」年干之貴人在本身日課的年、月「亥」支上，日、時兩「未」支助旺「未」山，無論扶山相主，都以三合木局為主。

此墳「未」山，配以右方「甲」山出水口，明地師用雙山雙向合局法，當立向時，其來脈遠方木形祖山，剛剛在墳碑頂上方正靠此秀峰，真是夠幸運。前方明堂廣闊，遠山級級來朝，明堂盡處有一長橫案山，正是倒地文筆，主發文章，左右手有略為高出的夾耳山包拱，雖非真結，但四正山齊備，沒有形煞。

明地師說明後代將於「丑、未」年生男丁，且吩咐郭徒弟在子孫托（墳前人工內堂）石邊上開水口，可惜的是，郭徒弟無心裝載明地師的說話，後來因子孫托近邊位上的地下開水口而出子孫托範圍之外，搞出笑話，結果尅應了「雙向不雙山」。

最後安座龍神碑及完山日課，擇於 2007 年陽曆 12 月 3 日下午二時正，四柱八字如下

丁亥 年
辛亥 月
辛未 日
乙未 時

此日課年、月「亥」支與日、時「未」支，半三合木局，並邀拱「卯」支祭主人命生年，月、日「辛」干與祭主「辛卯」命之天干相同，助旺郭徒弟也。

結果後來的尅應如下：

（一）在「戊子」年頭及「己丑」年尾，其大兒子妻子分別生了兩個男丁，以「己丑」年男孫與此坐山的尅應為甚。

（二）郭徒弟的女兒，原本讀書成績平平無奇，自從做了此墳穴之後，在馬來西亞全國高中考試畢業中，成績竟然在十項科目中為最頂尖的全能優資生，真是想也想不到。

（三）郭徒弟的原配及兩位大小妻妾本身不和，各有生育子女，但互不相見，墳穴造下後，原配主動邀請與郭徒弟及其大小妻妾同枱吃飯，其原配的大兒子主動夾餸給他吃，並第一次稱呼他為「爸爸」，使郭徒弟眼淚直流，高興異常，這是用金錢也買不到的親情，並時常笑着說：「雙山雙向，真的很好。」

（四）原配為了郭徒弟做職業風水師而沒有定時居所，時常奔走馬來西亞全國、沙巴及印尼等地，因此請了她較年青的金蘭姊妹隨身服侍他，沖涼時給他擦背脊，一日三餐，照顧周到，令他非常滿意，常說：「雙山雙向。」尅應他本人與妻妾的和合，享受齊人之福。

（五）這太極穴，還尅應了郭地師出版風水月刊書籍，成為大馬有聲名的職業風水師，顧客遠道而來，爭相邀請他看陰陽二宅風水，亦在全國開班教授風水，可謂揚名四海。

以筆者繼大師的經驗，擇日在風水上的尅應，並不全部在乎日課的四柱八字，如果是大吉之穴，像這太極穴一樣，本身已得到地理，穴地本身有它的性質及功能，加上當元的向度，這兩點最為重要，然後擇日安碑造葬，配合坐山日課，以日課及坐向干支，尅應出葬者後人生年及發生吉事的日期，各種的配合及安排是非常微妙巧合的，做就出各種尅應。

穴地是空間，擇日是時間，空間配合時間，加上人命生年干支，得出不同的尅應結果。這關係到地師的工夫，師徒間之緣份，自身的福份，個人修為，都有關聯，再加上與穴地之因緣，這就是命運。

《本篇完》

（十七）安床日課 ── 子山午向的尅應

繼大師

一對夫婦，結婚約三年，生了一子，聰明伶俐，有工人照顧，租了一間私人屋苑居住，夫婦一間房，另外工人同兒子一間房，惟床之位置不佳，兒子之床背靠門口那邊牆壁，入門即見工人所睡眠之床，是門沖也，背門而睡是逆氣，不吉，門沖也不吉，惟門口位置及方向佳，故有理氣而沒有巒頭。

小兒母親的父親（公公）懂得擇日、八字、面相及風水，於是建議將兩張床之床頭背靠門口對面的那面牆壁，避開門衝及背門，擇日移牀。筆者繼大師述說其資料如下：

新安床頭位置坐「子」向「午」，女屋主「甲子」年命，小兒「壬寅」年生。

日課擇於 2023 年陽曆 7 月 22 日下午四時正，日課四柱八字如下：

癸卯 年

己未 月

辛巳 日
丙申 時

日課之好處筆者繼大師分析如下：

（一）日課年、月「卯、未」半三合木局，日課本身「癸」年干之貴人到「卯」年及「巳」日支，「己」月干之貴人到本身日課之「申」時支上，亦到兒子牀頭「子」山之地支上，大吉之日課也。

（二）「辛」日干與「丙」時干五合化水，「巳」日支與「申」時支六合化水，天干地支全合水局，生旺牀頭「子」山地支，及兒子「壬寅」水木年命，亦生旺母親「甲子」年支，一舉三得。

筆者繼大師卅多年來在風水上的經驗，發現在某些向度上是有一些特別的尅應，若非遇上這些向度尅應的經驗，一般人是很難明瞭的。有一尅應口訣謂：**「子、午、卯、酉桃花水。」**其實山水是互有關聯的，亦可以說：**「子、午、卯、酉桃花山。」**要看是否合局還是破局，配合元運時間，得出最後的尅應。

筆者繼大多年的經驗，現公開尅應離緍、再婚、異離的尅應口訣，茲詳述如下：

（一）以上事例，他們的屋向為「子」山「午」向，破局而向度挨左則尅應女子有兩段婚姻，向度挨右則尅應男子，現在是挨右，原來兒子父親是第二段婚姻，即再緍也，這破局尅應了桃花向度的格局。

（二）有一例是：有一友人所住的村屋，亦是這個向度，友人「庚子」年命，太太「丙午」年命，結婚後在「戊寅」年生了一女兒，數年後因腰背受傷，辛苦異常，既失去工作能力，貧病交迫，四處找尋名醫治病，甚為可憐，「庚子、丙午、戊寅」生人年命全合「子」山「午」向，女兒「戊寅」亦合「寅、午、戌」三合，皆因破局而向度挨左，尅應妻子驀然離夫而去，間接變相離婚，又一証驗也。

（三）亦有一例：一位女子，住於元朗某一村屋內，「子」山「午」向略挨左，她結婚多年沒有子女，她沒有什麼嗜好，唯獨喜愛釣魚、打麻雀，她認識一位風水命理學家，給她推算八字，說她的丈夫的命格必定早亡，於是她給丈夫重重的買了意外死亡保險，好待他死後得到保險賠償，可以說是未雨綢繆，計劃非常理想。

可惜的是，人算不如天算，命該如此，無論計劃如何周全，預料不到的事情發生了。由於她沉迷打麻雀，終日玩耍，不在家中煮飯，多日不歸家，冷落丈夫，不久丈夫忍無可忍，於是離開家庭，突然消失，久久音訊全無，丈夫不是死亡，故保險沒法賠償，空買意外保險一場，似乎一切都有定數，這些都是另類的一種離婚尅應。

最後婦人由於愛好釣魚，與一位年紀相約的男釣友發生感情，於是嫁了給他，是這女子的第二度婚姻。這個村屋「子」山「午」向略挨左而破局，正是尅應了女子離婚、異離的事情。

（四）又有一例：有一廟宇，一位老出家的修行人，因年紀老邁，晚年將這間廟宇交給一位在家居士修行，以續廟宇的香火，當居士接收完畢後不久，突然產生出家的念頭，居士已婚有兒有女，三年後剃度出家，廟宇正式由他接管，隨着廟內有義工二人屬「子」支生年命，突然退了道心，離開廟宇，尅應了與「子」山廟宇之地支。居士「庚戌」年命尅應了「子」山「午」向地支，年命支與「午」向戌「寅、午、戌」三合火局。

（五）還有一例：在香港新界某一間村屋，廿四山地支「子」山「午」向兼「壬、丙」，男主人「戊戌」年生，兒子「庚辰」年命，於「甲午」年「丁卯」月在廣東肇慶因工作意外身亡，男「戊戌」年命支與村屋「午」向合「寅、午、戌」火局，兒子「庚辰」年命與「子」坐山合「申、子、辰」水局。

男主人亡於「甲午」年「丁卯」月，在羅盤廿四山之後天九紫離宮為「丙、午、丁」山，其離宮中間「午」位又是村屋之向度，時空、坐山之尅應，準確無誤，男子身亡，等同離婚，俗語有云：**「非死即離」**，即是此理也。

這男子已是再婚人士，女子乃第一次嫁人，今次男主人意外身亡，即是尅應女子離婚，屋之「午」山向度破局而挨左，點滴無差。

筆者繼大總結尅應離婚、再婚的口訣：除了「子」山「午」向，破局而向度挨左或挨右，尅應男子有第二對婚姻之外，可尅應妻子早逝而再婚及分離，再來就是男子出家，等同於離婚了，或是男子早逝，而女子再嫁人，或是男子突然失蹤，離妻而去，或是女子離夫而去，雖然事情不同，但結果都是一樣。

這些口訣，難能可貴，全在經驗實踐中得知，以上口訣，只是表面上的應驗，裏面還更深入的秘密口訣，必須得明師真傳。

《本篇完》

（十八）辦公室房間座位沖太歲的動工日課尅應 —— 大劫化小劫

繼大師

有一年青人，生於「癸亥」年，父親是一位出色的老中醫，醫人無數，自己經營香薰及紅酒生意，在一間面積頗大的傳銷中心全層寫字樓內其中一間房內辦公，他坐的寫字枱位置背靠牆壁，門口從他的寫字枱左邊而出入，是謂：「青龍開口」，寫字枱「巳」山「亥」向，時間剛過了「丙戌」年尾，踏入「丁亥」年立春日之後，他偶然心血來潮，請了他合夥人的徐姓風水朋友去勘察，給他一些意見。

徐地師一看，心知不妙，傳銷中心寫字樓大門向「巳」，坐「亥」山，年青人的房間寫字枱坐「巳」向「亥」，背着大門之向度，寫字樓大門向度當元，但他的寫字枱剛好是相反方向，他的房間坐「寅」向「申」，房門由「申」方那面牆壁而出入，他的寫字枱向度失元，與寫字樓大門向度相反，一衰一旺，一陰一陽，氣逆之格局也。

勘察當日剛好過了「丁亥」年2月4日立春日，寫字枱坐「巳」山，坐山正沖「丁亥」年，正正沖犯太歲年支，其人「癸亥」年生，適逢「丁亥」年，正犯太歲年支，「巳、亥」為他的驛馬，原本尅應時間當在「丁亥」年「癸巳」月，又遇上寫字枱向度失元。徐地師吩咐他在「巳」月陽曆5月6日至6月6日芒種交節之前，這段時間內，不可外出旅行或工作，否則容易發生意外凶險，因沖驛馬之故。

徐地師擇了日子動工裝修，並作出小小改動，將他的寫字枱從「巳山亥向」搬到「亥山巳向」的對面牆壁，逆收全層寫字樓大門入口之來氣。並以當元太歲「亥」支坐山助旺他的本命「亥」年支，又勘察他的房間門口位置及方位，選出吉方開門，門口向度亦當元。改動雖然不大，但舊門口要封上，並重新開出新的門口，牆壁要重做，慶幸新舊門口位置相差不遠，工程並不龐大，但已化解了他很多凶險。

徐地師心知他今年會有一大劫，但搬過已定出吉位旺向的寫字枱及改動寫字樓房門後，變成一小劫，但仍然要受，他怕年青人心裡不安，故沒有對他說。年青人的女合夥人，她先生是一位裝修師傅，於是承接這項簡單的裝修工程。徐地師擇了裝修動工日期，為2007年陽曆2月15日早上八時正，配以「庚」方開門及「申」向。日課四柱為：

丁亥 年
壬寅 月
庚辰 日
庚辰 時

日課「丁亥」年、「壬寅」月，「丁、壬」天干五合木，「亥、寅」地支六合木，年、月一片木氣，祭主「癸亥」年命支與「寅」支合木。「庚」日、時兩金干生助「癸亥」年命水干支，雖然並沒有貴人，但四柱中有日、時兩柱屬金之五行生助「癸亥」年水命干支已足夠，日課「庚」日、時干同旺「庚」方位置門口，「庚」祿在門向的「申」支上。

因時間緊迫，總算擇了一個少吉的日課，日課並沒有沖剋「癸亥」年命生人，動工後約一星期，年青人家住唐樓，沒有電梯，一天早上行落樓梯，突然失足跌倒，滾落樓梯下面，嚴重受傷，耳朵背後有條頗長的傷痕，即時入院急救，雖然做手術，傷口縫了七至八針，因他年輕之故，個多月後即復原，長長的疤痕，在耳朵背後，幸運地沒有破相，真是不幸中之大幸。

事實上，每個人有他的命運，所謂：

「定業不能滅」

時間一到，必要承受；風水改動，擇日動工，只是將惡果快些受報，略為減輕，亦要看看風水師的功力如何。他父親是老中醫師，醫治無數人，祖上積下福德，所以能遇到明師給他改造風水，在多重組合之下，得出這樣較為圓滿的結果，風水配合日課的尅應，絲毫不爽，不可輕視之。

《本篇完》

（十九）寫字樓入伙的尅應

繼大師

有兩男一女共三位合夥人，在旺角租了一間寫字樓辦公，邀請一張地師前往勘察，看風水那天，其中一位主要股東梁先生駕駛私家車接載張地師前往租賃的樓宇察看，途中經過觀塘藍田馬路的行人斑馬線時，突然被一名交通警察截停，說他在行人斑馬線過馬路時不讓行人，發出告票，但並非控他斑馬線不讓行人罪，竟然控告他危險駕駛，抄了牌後，除罰欵外，還要扣分，真是無妄之災。

抄牌的時間是 2000 年陽曆 11 月 9 日早上 10 時，四柱八字為：

庚辰 年
丁亥 月
辛未 日
癸巳 時

大股東梁先生為「戊戌」年命，是年「庚辰」年正沖太歲，可以說被抄牌是破財擋災，或是福份未夠，他邀請地師看風水，或者是先破財，以抵銷他的福份，然後再增福吧！三股東李小姐為「癸巳」年命，當時月令為「丁亥」月，干支天尅地沖，只有二股東盧先生為「辛卯」年生，與「丁亥」月，「辛未」日之地支「亥、卯、未」三合木局，看風水當日最有利他。

寫字樓室內窗邊向着內街為「庚」方，「甲」方在寫字樓內牆壁，門口向「壬」，門口位置開在「艮」方，屋之四正為「甲、庚、丙、壬」，以屋形及門口方來計算，可以說是「庚山甲向」，以坐山「庚」為重。

大股東梁生「戊戌」年命生人，在間房內辦公，房間座位坐「壬」向「丙」，其餘兩人在房外，都是「壬、丙」向，兩人對座，二股東坐入門對角之財庫位，亦是最佳位置，總括來說，二股東是最有福份的一位。

地師勘察完畢後，擇日開張吉日，取 2000 年陽曆 12 月 8 日下午二時正，日課四柱八字為：

庚辰 年
戊子 月
庚子 日
癸未 時

筆者繼大師分析日課如下：

（一）日課本身雖然並非天上三奇「甲、戊、庚」格局，但年、月、日之兩「庚」一「戊」天干貴人在「未」時，聚集貴人的時辰也。

（二）三股東李小姐「癸巳」年命，「癸」干之祿在日課之日、月兩「子」支上。

（三）日課年、日之兩「庚」干與「庚」山同旺，「未」時開張，貴人同到。

（四）日課「癸未」時天干之貴人到二股東「辛卯」地支及三股東「癸巳」地支上。

此日課並非上吉，只是有貴人幫助，當開張時，時辰一到，大家慶祝一番，貴賓很多，不乏知名人士及老闆；其中一位有名望的女貴賓，突然興高采烈地拍掌唱歌，因是知名人士，故引起大家共鳴，並且一齊高唱，極為歡樂，有人拍照留念，當時並沒有流行手機拍照，只用傳統相機，後來拍出來的相片，發現女貴賓的雙手，竟然出現有兩團綠色的圓光在兩隻手掌上，眾人極為驚訝。

總括來說，尅應了兩件事，筆者繼大師述之如下：

（一）這日課之貴人時，尅應了女知名人士在手上攝得綠光，極為特別，是另類的尅應也。

（二）因為只簽了兩年合約，後來約滿，業主大幅加租，公司收入難以應付，故只有退租，時為「壬午」年，剛好開張日課為「戊子」月「庚子」日，與「壬午」年天尅地沖，一沖即破，其結果是解除合約，尅應了退租及公司解散。

凡事都有因由，不過這事件與開張日課吻合，天干地支的尅應，均非常準確；不過在擇日開張來說，地師亦不可能推算它之後所發生的結果，只能從事後所發生的事情，去研究日課的沖尅關係而引致結業所發生的時間。

在常理來說，一般商務租約，多是以簽兩年合同為期限，不過剛好開張日課與結業時間對沖，這是偶然或是有定數！值得我們研究。

《本篇完》

（廿）入伙拜四角日課的尅應

繼大師

有一位政府公務員，他擁有駕駛執照，並買了私家車，他想在香港西貢租村屋居住，找了一位姓黃的風水師選地，在四間村屋中選了一地，在西徑村租得一單位，三樓連天台的村屋，天台可望遠景，山環水抱。

村屋對面是榕樹澳，堂局氣聚，後方正靠馬鞍山，右水倒左水，白虎高，青龍低而長，左方有一橫長山脈出現在內海之上，山脈並不高，但橫橫地伸出海上，是這整條村的下關砂，前方朝山高聳，前收逆水之氣，之後生氣向左流走，總括來說，左邊下關砂仍然未夠高，尅應不能剩財，但生活穩定。

男命「庚子」年生，胎元「壬申」，命宮「丁亥」，村屋「庚」山「甲」向，堂局肆正，後靠及龍虎齊備，村屋正坐後方來龍氣脈上，向度尚可。

地師給他擇日入伙拜四角，同時安座神壇，亦是「庚」山「甲」向，日課擇於 1998 年陽曆 12 月 19

日，四柱日課為：

戊寅　年
甲子　月
庚子　日
癸未　時

筆者繼大師分析此日課如下：

（一）此日課年、月、日干為天上三奇「甲、戊、庚」，雖非順序排例及逆排，亦非純天上三奇格，交雜在「癸未」時，但日課最好的時間就是在「未」時支上，「庚」天干年命人及日課天上三奇之貴人全在「未」時支上，極佳之時辰。

（二）日課「庚子」日與男租客年命相同，日課並沒有沖他的「壬申」胎元及「丁亥」命宮，日課「庚子」日柱助旺「庚」山村屋，雖然只得一柱同旺，但日課仍然可取也。

於入伙後三年，至2000年「庚辰」年「戊子」月，尅應了村屋的「庚」坐山，租客「庚子」年命，男子因為是公務員，幸運地成功申請了當時政府的資助買居屋計劃，翌年退租，共住了四年。

退租時間在「庚辰」年「戊子」月，天干亦是天上三奇「甲、戊、庚」之一，地支「辰、子」半三合水局，「戊子」月與入伙日課之年、月「子」支相同，他總算有自己的居所。

這是相當理想的尅應，有時入伙日課會帶來喜慶之事，雖然等了三年，但結果令人滿意，在香港買居屋並非易事，加上有政府津貼供樓，這入伙日課與買樓日期之天干地支都能互相吻合，真是意料之外。

但除了擇日入伙日課之外，本身他租賃的村屋是得到地氣的，而且向度大吉，這點最為重要；日課只是尅應時間，但吉凶由村屋及屋向去決定。這種觀念非常重要，先後次序，不可混淆，所以好風水配合擇日，得出良好的尅應結果，讀者宜兩者熟習後，細玩自明。

《本篇完》

（廿一）貨櫃場的尅應 —— 地師的惡夢

繼大師

有一物流公司老闆殷生，與一友人簫生合組運輸公司生意，來往中港兩地，公司營運多年，業績平平，有時還要補貼，因他主要是做其他生意賺錢，為方便經營各類生意，物流是兼做，但合夥人夫婦以此為主要收入來源，因節省成本，簫生夜居此處，更作看更。

寫字樓用兩層貨櫃箱改建，坐落貨櫃場內，為「癸」山「丁」向兼「丑、未」，白虎遠方有圓金形山丘，非常有情，前面青龍方為貨櫃場鐵閘大門，供貨櫃車出入，剛好門口開在羅盤廿四山之「丙、巳」方，為兩山界線方位，三合家稱為黃泉八煞，鐵閘向「乙」方。

貨櫃場地下寫字樓門口，前面有別間貨櫃物流公司，放滿了貨櫃箱，重重疊疊，有四層箱那麼高，兩組貨櫃箱中間，留有一狹窄的空隙，形成一條垂直狹長的空間氣口，因為隔着鐵絲網圍欄，在不遠處正對着貨櫃場地下寫字樓門口，門口可見前面垂直狹窄的空隙，是為箭風吹門，現代人稱為天斬煞。

貨櫃箱寫字樓之白虎右邊有一窩淺之坑，有水漬在其中流過，老闆殷生命人多放一層貨櫃箱在那地方，吊貨櫃箱的司機，隨意就手，就把貨櫃箱吊放在窩淺之坑上，供一外勞暫住，貨櫃場曾經發生貨櫃車司機撞車事件，不過沒有傷人。

殷生因經營多年，生意沒有賺錢，只是他經營的其他公司賺錢去補貼；貨櫃場大門鐵閘坐「辛」向「乙」，寫字樓為「癸」山「丁」向，四正為「乙、辛、丁、癸」。因貨櫃場鐵閘大門在界線煞方，尅應了2011年「辛卯」年陽曆6月至7月破財，尅應鐵閘大門「辛」山，在「辛卯」年「癸巳」月至「甲午」月之間破財。

以筆者繼大師的認知，三合家的理論以「巳、丙」山為煞線方，廿四山為「巳、丙、午、丁」，鐵閘大門入口坐「辛」，剛好尅應這些天干地支的時間。

破財的原因是公司代客人運輸鮮肉，租了一個貨櫃躉船運往香港，運輸途中，貨櫃船機器故障，不能開動，停在海面上，等了數天，鮮肉變臭，賠償了大筆金錢，幸好貨櫃箱寫字樓門口當元旺向，否則或會有人命損傷，凶險更大。

未幾殷生請了一位白姓地師為貨櫃場勘察，白地師吩咐他把放在淺窩坑上的貨櫃箱吊離界水淺坑中，避開煞水，此事過後，未幾外勞離開貨櫃場返回內地，若然住人的貨櫃箱長放在淺窩坑上，這會尅應外勞發生意外的。

白地師勘察貨櫃場的時間為2012年4月2日5:30pm，四柱八字：

壬辰 年
癸卯 月
癸巳 日
辛酉 時

此日課天干為人中三奇「壬、癸、辛」順排正格，但「酉」時為月破時，「巳、酉」日、時地支半三合金局，地師修改貨櫃場風水如下：

（一）改寫字樓鐵閘圍門移向左方六尺，放在「丙」方出入，避開煞方。

（二）將貨櫃場寫字樓地下入門加高前面地台，使前方隔鄰貨櫃場的貨櫃箱不至於欺壓寫字樓地下大門入口。

（三）將前方隔着鐵絲網圍欄的兩組四層高貨櫃箱中間垂直狹窄的空隙，用垂直的橫幅（banner）遮蓋着，使箭風不沖寫字樓門口。

白地師勘察完畢後，當晚發了一惡夢，夢見殷生手拿着一塊白麵包給他吃，但麵包是發霉的，地師吃下時，空中有聲音說，吃了會生癌症的，就此驚醒了，這或者是看風水的時間在月破時「卯月、酉時」正沖吧！但無論如何，給人看風水，少不免背負人家的業力，或是將自己福份給了他人，幸好白地師並沒有患病。

所以古人風水地師，在給人家看風水時，先要觀察其人的品德及修養，或在主家家中居住數月，藉口就是給他祖先點地做葬需要時間尋找吉地，其真正目的是先觀察其人，然後再決定是否點地給他。

但現今時代不同，在商業社會裡，以利為主，這點很難做到，故從事風水學行業的人，技術愈是高超，愈是不敢隨便給人點穴造葬，否則他本人並不長壽。

當這門風水做完後，貨櫃場寫字樓「癸」山「丁」向兼「丑、未」，剋應了 2013 年「癸巳」年白地師代殷生找到另一處好風水的地方，經營順利。搬遷之後，公司首度賺錢，各職員年尾首次分花紅，可惜只租得一年時間，新貨櫃場地方業主收回。

其後他又租他處地方作貨櫃場寫字樓，但這次白地師沒有幫他的忙，並勸他不要再繼續經營，結果一年期約滿後，生意結束，未幾 2020 年初爆發新冠疫情，中港封關，貨櫃物流行業全部遭殃，他再次逃過一劫。

遇到白地師，就是殷生的貴人，這是沒有永遠得到好風水地之理，也沒有永遠的好運，若自己無福份，盲目追求吉地，只會令自己苦惱，一切聽其自然好了！

《本篇完》

(廿二)水盆動工日課的尅應

繼大師

有一村屋，三樓連天台，亥山巳向兼乾巽，坐向貼近兩山界線上，三合家稱為「黃泉八煞」，但屋主利生，一家四口，住落卻一切平安，只是不能儲蓄多餘的錢。他請了一位朋友姓李的風水師看他家裏的陽宅風水。

李地師說村屋有來龍脈氣，他家門口的水氣由左倒右，大門右方宜種植高樹以作關欄，利生想在天台上加放四面玻璃牆的流動廚房，李地師給他設計，略為橫長方形，立向及廚房門位置均大吉線度。

屋主「辛丑」男命，女命「甲辰」年命　，大兒子「丙寅」命，大女兒「庚午」，細女兒「丙子」。

因在三樓大廳內要把廚房拆掉，所以要修方，在屋內之「寅」方建水盆，動工日課在 2006 年陽曆 3 月 1 日午時，日課四柱八字為：

丙戌　年

庚寅 月
己丑 日
庚午 時

日課月、時「庚」干的貴人在屋主「辛丑」年命支上，屋主「辛」命干之貴人在日課之「午」時支上，互為貴人。細女兒「丙子」年命要迴避，剛好她出外而不在家。

日課「己丑」日支助旺「辛丑」年命支，日課「戌」年、「寅」月半三合火局生「丑」土，雖日課在「午」時，隔着「丑」日支，但「午」時支與年、月「戌、寅」支為三合火局。日課「己丑」日干之「己」祿在「午」時支，火土甚旺。家中修方在「寅」方，亦合三合火局。

剛剛動工拜神時，動工的一剎那，奇怪的事發生了，突然之間，屋中之「寅」方窗門對面山邊有一間小型木屋，不知什麼原因突然發生大火，火光熊熊，迅即之間燒至通頂，各人為之愕然，那有這麼的巧合，真不知什麼原因，原本建做洗手盆之水龍頭的，竟然水火相剋！而令致「申」方之木屋大火？

這樣的尅應，前所未有，有人說是「火燒旺地」，但所燒的是對面的木屋，難道是時空交錯了吧！剛好「寅」方為雷火豐卦䷶，卦象顯示，有雷火出現，然後始能豐盛，易經之理，真的如此準確靈驗？真不得而知了！

約三年後「己丑」年，李地師找到一處陽宅結穴的地方給利生，隨即買下，其子結婚，「己丑」年尾並生了一男孫；翌年「庚寅」年尾裝修完畢後入伙，尅應洗手盆動工日課「庚寅」月及「己丑」日的干支，真是非常巧合。日課的尅應，真是有應有驗，但必須配合這陽居村屋座在來龍地脈之上，有地氣灌注其中，向度又當元，兩者配合，加上擇日日課，始能應驗。

利生的陽居新村屋結地是地下連二樓，與子女一齊同住，二樓為女兒、大兒子、媳婦及孫兒居住，地下是利生夫婦住，方便利太照顧孫兒，屋為「子山午向」。入伙日期，李地師擇於 2010 年陽曆 12 月 25 日星期六入伙，配以「辛丑」年命，日課四柱八字是：

庚寅 年

戊子 月

己酉 日
己巳 時

日課兩「己」日、時干之貴人到本身日課之「子」月支上，日課「庚、戊」年、月干之貴人到「辛丑」年命地支上，日課「酉、巳」日、時支與「丑」人命支成三合金局，「丑」命亦與村屋的「子」山成六合土，「辛」年命干之貴人到「寅」年太歲支上。

「庚寅」年「子」山犯上三煞，因「寅、午、戌」火局支之「午」支正沖「子」山，「壬、子、癸」為三煞方，「亥」山為劫煞，「丑」山為歲煞，但日課並沒有「午」支出現，日課「戊、己、己」干之月、日、時尅「子」山，把三煞尅制。日課「酉、巳」日、時支半三合金局，後亦生回「子」坐山，金生水，故不為忌也。

利生兒子「丙寅」生人，是年流年犯太歲，十二年後，行至「壬寅」年，利生媳婦移情別戀，提出與他的兒子離婚，聰明伶俐的孫子，留與利生兒子撫養，因二樓屋門向「卯」方，「子、午、卯、酉」

破局為桃花，雖然李地師已在二樓門前放設魚缸化解向煞，但只能延長了 12 年的婚姻，兒子工作事業很安定，收入安穩，經常外出旅行，無有病痛，健康是福也。

有時運程的好壞都是命運之所做成，某些地方好時，亦有某些地方是壞，擇日日課不能改變命運，只是錦上添花而矣，但盡人事，以應天命。易經所說：「**天行健。君子以自強不息。地勢坤。君子以厚德載物。**」

一通俗小說內云：「**只因世路窄狹。人心叵測。大道既遠。人情萬端，熙熙攘攘。都為利來。蚩蚩蠢蠢。皆納禍去。**」

命運沒法改變，禍福相依，老子著《道德經》〈第五十八章〉云：「**禍兮福之所倚。福兮禍之所伏。**」有時亦要講求自己的修為，一個擇日的日課，又如何能改變命運呢！在眾多因素影響之下，造就出這樣的結果，都是一切如常，隨順緣份吧！

《本篇完》

（廿三）結婚不成的日課

繼大師

一對男女，相戀多年，在當時，他們的年齡已超過 30 歲，想在 2009 年尾結婚。男生於「癸卯」年，胎元「丙辰」，命宮「乙卯」，男父「戊辰」年，男母「庚午」年。

女於「己酉」年生，命宮「丁丑」，胎元「庚申」，女父「己卯」年生，女母「己丑」生，擇日日課只要不沖各人干支就可以。即：

「癸卯、戊辰、庚午、己酉、己卯、己丑」，其次是「丁丑、庚申、丙辰、乙卯」，若日課有沖剋，即要迴避就是。

他們相識了一位懂得擇日的「未」年命生人的朋友，給他們擇日結婚，過大禮的日課擇於 2009 年陽曆 11 月 7 日星期六，四柱八字日課為：

己丑 年
乙亥 月
丙辰 日
丙申 時

（一）男命「癸卯」干之祿在日課之「亥」月支，及日課之「乙」月干在男命「卯」支上。日課本身「己、乙」年、月干之貴人在日課之「申」時支上。

（二）日課兩「丙」日、時干之貴人在女命之「己酉」支上，及在日課本身之「亥」月支上；除此之外，日課並沒有什麼可取的地方。

（三）日課只沖「寅、戌、巳、未」，除五行欠生助他們之外，並沒有沖各人及他們的胎元、命宮，只是沖擇此日課之「未」年命犯太歲之人。

「未」年命朋友擇男方「癸卯」年命生人的上頭時間為，2009年陽曆12月4日，10:00pm，星期六，四柱八字日課：

己丑 年
乙亥 月
癸未 日
癸亥 時

日課「丑」年「亥」月為半三會水局，(三會水局爲「亥、子、丑」)，兩「癸」日、時干與男命「癸」年干生人同旺，地支又是「未、亥」，邀拱男方「癸卯」年命生人地支，合三合木局，故日課「亥」月不作與「亥」時半三合爭合「未」支，年、月與日、時計算也。「未」日為歲破日，因遷就結婚之日，故沒法選擇，只好用「亥」時與「未」日支半三合木局，避開沖「丑」歲支。原則上，日課是旺男命的。

女方「己酉」年命，上頭時間為2009年陽曆12月5日，00:15am，星期六，四柱八字日課：

己丑　年
乙亥　月
甲申　日
甲子　時

「己酉」年女命之天干貴人在日課之「申、子」日、時支上，日課之「己」年干與女命同旺，日課除得貴人外，其餘五行並沒有生助她。

男方出門接新娘時間，2009 年陽曆 12 月 5 日，08:00am，星期六，四柱八字日課：

己丑　年
乙亥　月
甲申　日
戊辰　時

日課「丑、亥」年、月半三會水局，及「申、辰」日、時支半三合水局，生旺男命「癸卯」屬木地支；但洩「己酉」女命之屬金地支，慶幸地，日課「己、乙」年、月干及「己」女命干之貴人同在此日課之「申」日支上，此日課亦可取用也。

預計下午 4:00pm 到酒樓，四柱八字日課：

己丑 年
乙亥 月
甲申 日
壬申 時

此日課「己、乙」年、月干及「己」女命干之貴人同在此日課之兩個「申」日、時支上，不過五行「申」金剋男命「卯」支，以日課之得貴人來說，此日課還是可以取用的。

因為男命「癸卯」，女命「己酉」，他們又很想在「己丑」年尾結婚，本身兩人天干地支都是「天尅地沖」的，故此結婚日課是很難選擇吉日的。

當日課擇好了之後，約至「己丑」年陽曆五月「己巳」月，消息傳來，男方父親病逝，婚姻暫時取消。

翌年「庚寅」年，女方亦想再擇日結婚，數個月後，男方母親亦相繼病逝，婚姻一路拖延，再至「辛卯」年，男方並不主動，結婚之念頭減弱了，女方見他並不主動，相方少了見面時間，之後不了了之，不久之後兩人分了手。

「未」年命生人的朋友在沖太歲之「己丑」年給「癸卯、己酉」年男女擇日結婚，結果結婚不成，擇日一場空，這是一個非常罕有的例子，一切都是命中注定吧！

《本篇完》

（廿四）另類的四長生擇日法 ── 四長生局的使用法

繼大師

有國內讀者梁生，他看了筆者繼大師著的《正五行擇日精義》深受啟發，想再買《正五行擇日精義高階》。另外，他有個陰宅祖墳為「午山子向」乾卦坐山，他請了國內大師幫他擇了日課安碑，地支為四長生格，問本人對這日課的吉凶看法。日課擇於 2022 年農曆五月初五申時，陽曆 6 月 3 日，星期五，日課四柱八字為：

壬寅 年
乙巳 月
丁亥 日
戊申 時

福主年命分別是：「乙未」男、「丙寅」男、「甲午」女、「甲戌」女、「庚子」男。

這日課是「寅、申、巳、亥」四長生局，亦為「驛馬」局，是另一類的擇日法，筆者繼大師不用這一套的，是用正五行擇日法，因「丁亥」日為月破日，「戊申」為歲破時，若要使用，當中需要有技巧。

日課「戊申」時，沖「丙寅」男命，他要迴避；「申」金時地支生「亥」水支日，以日柱最為有力，正五行擇日法不用破日、破時，不沖人命支。

有些人不明白其中道理，他們認為這套擇日法合了「四長生局」就不算沖尅；筆者繼大師並不苟同，其實，日課地支出現的位置若不適當，就不能使用。以下的四長生「寅、申、巳、亥」日課，筆者繼大師認為可以用，如：2022 年陽曆 11 月 15 日早上十時，日課四柱八字為：

壬寅 年
辛亥 月
壬申 日
乙巳 時

「寅」年，「亥」月，天干沒有出現「庚、辛」金，「寅、亥」可合木；「申」日，「巳」時，天干沒有出現「戊、己」土，「申、巳」可合水，為水生木也。日課「壬申」日雖然是歲破日，但「寅、亥」合了木，「申、巳」日、時合了水就不算是歲破日，亦不算是月破時。

這日課不能配以「午」山，因「申日、巳時」合水後而尅「午」山，只得「寅年、亥月」合了木而生助「午」山，但日課以日柱為主，其次是時柱、月柱及年柱。

日課「戊申」時沖「丙寅」男命，故此他需要迴避；但這套擇日法的理論「丙寅」男命合了「四長生局」，他們可能認為不算沖尅。其實在正五行擇日法中，是有沖尅的，「庚子」男命沖「午」山，兩人需迴避，可以不在現場出現。

國內地師所擇之日課為：「壬寅年，乙巳月，丁亥日，戊申時」，配以「午」山，而至於「乙未」男、「甲午」及「甲戌」女命，沒有沖剋。「乙未」男之貴人在日課之「申」時支上，「甲午」及「甲戌」女命之「甲」天干，其「甲」祿在太歲「寅」支上，他們是可以出席的。

穴坐「午」山，「丁」日干之祿在「午」山，但這日課是破日、歲破時，故這日課不能使用，我們擇日之準則是：

「日課能扶山相主，不可專論格局，能生旺出席者的生年干支，使他們能邀福。」

《本篇完》

（廿五）太陰斗母擇日法——化解三煞的日課

繼大師

有讀者來電郵問：

（一）《正五行擇日精義進階》中提到的太陰（斗母）是不是屬於七政天星擇日的範疇？

（二）天星日課與民間傳說的吊星日課是不是相同的呢？

（三）繼大師會出版七政天星的擇日書嗎？

在《正五行擇日精義進階》中有提到太陰（斗母），確實是屬於〈七政四餘天星擇日法〉的範圍，無論陰宅的做葬，陽居的入伙，或陰陽二宅的重修，均可使用。筆者繼大師本人以《正五行擇日法》為主，以《七政四餘天星擇日法》內的太陰（斗母）、太陽為兼用。

昔日於一九八九年秋，本人繼大師隨恩師　呂克明先生暨一班同門共約八人，一同前往江西興國縣梅窖鎮三僚村尋訪楊筠松先師仙跡，一姓曾村民取出一楊公羅盤與我們現代的羅盤相比，發現廿八天星宿度位置大約相差了約半個宿度。

呂師說，因楊公年代（八三四年至九〇〇年）與當時（一九八九年）相差一千一百多年，天星在天體運行上已經轉移，當時三僚村部份村民仍用舊式宿度，故有錯誤的情況出現。

《七政四餘天星擇日法》與〈吊星日課〉是不相同的，本人已經著作一書，名：《正五行擇日精義深造》，內容就是說「吊星」飛泊原理及用法，並配合《正五行擇日法》來使用的。

但後來筆者繼大師本人發覺〈吊星飛泊法〉的理論有誤偽，不切實際，「吊星」的作法只用干支，依洛書九星飛泊到九宮而定吉凶，並不適合使用，有錯誤之虞；為免誤導大眾，故〈吊星飛泊法〉並沒有出版，後來重新著述，於 2023 年三月出版《正五行擇日精義深造》，但內容與舊作完全不同。

由於《七政四餘天星擇日法》需要準確地知道天星的位置才可使用，暫時並沒有詳細資料記載這些七政四餘天星在天體上的準確位置，缺乏資料，加上能力有限，故不會著作《七政四餘天星擇日法》。

筆者繼大師本人用〈七政四餘〉內的「太陰（斗母）、太陽」二星為兼用，配合於《正五行擇日法》，可以化煞，在使用上，已非常足夠。〈太陰、太陽〉離地球最近，故其位置轉變極為輕微，甚至不變，可以配合擇日法，所以仍然可以使用。

太陰斗母擇日法有圖表，並錄於《正五行擇日精義進階》第 65 至 66 頁內，各讀者可以配合正五行擇日法，然後查表對照，便可以擇出良辰吉日，可適用於造葬安碑時化解五黃三煞等凶星，兩者合用則較為完美。太陰斗母法即太陰（月亮）臨山，光照坐山之墳頂，一切吉祥如意。

筆者繼大師現舉一例子如下：

若有「庚戌」年命人，造葬「庚」山祖墳，想在 2023 年太歲干支「癸卯」年修造，「卯」年三煞在「庚、酉、辛」方，劫煞在「申」方，歲煞在「戌」方。

若要制「庚」山之三煞，可用太陰到「庚」山化解，使用太陰星，必須在晚上能見有月光出現的地方，故適合落葬安碑，為了使立向安碑之綫度準確，必須準備大光燈作照明工具。

「庚」山，配以「庚戌」年命生人，日課擇於 2023 年陽曆 11 月 27 日星期一晚上十時正，為農曆十月十五日，四柱八字為：

癸卯 年
癸亥 月
己丑 日
甲戌 時

因「庚」山是坐三煞，必須有「癸卯」年「癸亥」月水干生木支之氣洩「庚」山之煞，或是用日課之五行尅山，但不沖破，後再以日課之天干貴人到坐山亦可。

以日課之「卯、亥」年、月半三合木支，及天干兩「癸」水，洩「庚」山之坐山三煞後，再以五行生助之；日課日、時「己、甲」干五合土，地支「丑、戌」亦是土，日課兩柱四字生助「庚」山及「庚戌」人命，再加上「癸卯」年農曆十月十五日晚上，為月圓之夜，太陰臨「庚」山，光照坐山及人命，大吉之時也，可化解三煞。

另外柬埔寨吳哥窟，一個佛教露天廟宇的大型建築物，由於處於一大片平地上，被泥土淹埋了千多年，因地殼變動而上升，吳哥窟得以重見天日，它的主殿佛塔坐東向西，每當春天與夏天之間的春分時節那天的日出時候，太陽剛好從主殿佛塔頂昇起，象徵佛光普照大地。

古代建塔的人，把握時間在春分日，利用其坐山位置使太陽在佛塔頂的坐山昇起，這就是中國古代七政四餘天星擇日法中的太陽到山擇日選方的方法。

寫一偈曰：

一輪明月照庚山
輝煌燦爛非等閑
日課五行得配合
化解三煞亦不難

《本篇完》

（廿六）大火的日課 —— 無妄之火災尅應

繼大師

一日深水埗汝州街 2XX 號唐樓四樓大火，方向為廿四山中之「丑、艮」山，雙山方為「癸丑、艮寅」，一名 26 歲男子為情而放火燒炭自殺死亡，於 1997「丁丑」年生。

唐樓單位向汝州街馬路，其方向為東北「丑、艮」方，「艮」兼「丑」山，六十四卦是：「天雷無妄䷘與澤雷隨䷐界線」，東面為「巽」方兼「辰」，天澤履卦䷉及兌卦䷹界線，僅次於黃泉八煞線度，若然沖犯，必有死傷。

廿四山之雙山五行為：

「壬子、癸丑、艮寅、甲卯：乙辰、巽巳、丙午、丁未、坤申、庚酉、辛戌、乾亥。」

意外事件的日課，向度為天雷無妄卦䷘界線，真的尅應了「無妄」之火災。

日課的四柱八字為：

癸卯 年
庚申 月
壬寅 日
甲辰 時

此日課為月破日，月、日干支天剋地沖，唐樓四樓大火地點向汝州街方為「艮兼丑」山，剛好為情燒炭自殺死亡的 26 歲男子生於 1997 年「丁丑」年，剋應了屋之坐向。

另外輕傷的有姓陳的 74 歲婦人，又是生於 1949 年「己丑」年，另有姓何 62 歲的男子亦生於 1961 年「丁丑」年。出事日課在「庚」月干及「甲」時干，為輕傷者之貴人，「甲、庚」干之貴人在「丑」支之故，否則他們受傷會更嚴重。

此乃屋之雙山「艮兼丑」在月破日發生火災現場與「丑」支人命的剋應。

另一重傷43歲的女子，生於1980年「庚申」年，剛好與出事的日課「壬寅」日天剋地沖。有一南亞裔漢，生於1994年「甲戌」年，剛好與出事的日課「甲辰」時之地支相沖。另一女子李女士48歲，生於1975年「乙卯」年，在2023年犯「癸卯」地支太歲。

無論重傷或輕傷者，都與發生意外的日課及屋之坐向干支有關聯；其實，人只要身邊有朋友安慰開解，令當事人在緊張關頭看開一些，就不會一時衝動地發生自殺的事件，人生短暫，還是放下一些，海闊天空任遨遊，年青人還是有很多機會的，令到多位無辜的人受傷，害己累人的事，實在極不應該做，萬望這種事情不再發生，若然能夠全無閑事掛心頭，那麼日日都是好時節。

《本篇完》

（廿七）搬屋的地上三奇格 ── 百年歸老的日課

繼大師

有一間村屋，三樓連天台，長方形，坐「亥兼壬」，門口向「巳兼丙」，屋之大局為「申兼庚」坐山，母親「丙寅」年生（1926 年），父親已離世多年，女兒剛從南美洲回港不久，是在十多年前在南美工作時所賺下的錢，加上原來在市區的房屋被土發局收地而得到賠償，故此有能力買下此村屋。

女兒「癸巳」年生，大兒子「戊戌」年生，二兒子「庚子」年生。

女兒在少年時所認識的女同事，她的丈夫代她們擇日入伙，搬屋時間為 2011 年陽曆 8 月 30 日早上十時正，日課四柱八字為：

辛卯　年
丙申　月
丁巳　日
乙巳　時

筆者繼大師分析此日課如下：

（一）各子女均未結婚，日課月、日、時方「丙、丁、乙」，雖非順及逆排，總成地上三奇格，年、月「辛、丙」天干合水，生旺屋之「亥」山，月、日「丙、丁」天干之貴人亦到屋之「亥」山。

（二）日課日、時兩「巳」地支，同旺「癸巳」女命支，日課月、日「申、巳」支六合化水，亦生旺屋之「亥」山。「癸巳」女命天干之貴人到日課之「卯」年支及日、時「巳」支上，互為貴人。

（三）日課之壞處，是在「丙申」月搬屋，雖然屋坐「亥」山，門口向「巳」方，但屋之大局為「申」坐山，背靠後方水星大幛山嶺，大局「申」坐山沖母親「丙寅」年生之地支，這是非常輕微的。

加上在「丙申」月搬屋，亦沖母親「丙寅」年支，但「申」月支及「巳」日支合水，「巳」支是「寅」命的解神，日課「巳」時支沖「亥」山，幸得「丙、丁」貴人到「亥」山化解，日課雖有少許瑕疵，但亦無妨。

搬屋後，女兒照顧母親無微不至，極為孝順，十年後，母親九十五歲高齡之下去逝（1926年至2021年），「辛卯」年入伙，「辛丑」年「己亥」月病逝，月令干支剛好與搬屋入伙的日課「丁巳」日及「乙巳」時天尅地沖，入伙在「辛卯」年，與去逝之「辛丑」年「辛」年之天干相同。

若然母親過了「辛丑」年（2021年），她生於「丙寅」年，若到「壬寅」年「壬寅」月（2022年陽曆2月），母親犯太歲，加上剛好與搬屋的日課「丙申」月干支天尅地沖，她亦難過此關。母親在沒有痛苦地安詳離世，她是一名虔誠的天主教徒，經常誠心地唸誦天主教的玫瑰經，全家信天主，可謂：「幾生修到」。

人總是會離世的，擇了一個大吉的日子搬屋，人就會不死嗎？世上那有不死之人呢！但無痛苦地安詳離世，是一種福氣。擇日日課之搬屋干支，只是一種數據，若然能以搬屋的日課推算出住者老人家的壽元，亦是一位擇日高手。

《本篇完》

（廿八）結婚註冊日課的尅應

繼大師

一對男女，小學時候是同學，十多年後因同學聚會相見而戀愛，男的在澳洲某大學畢業並且移民當地，女的在香港大學畢業，並打算在澳洲註冊結婚。男女均「乙丑」年生，男父母均「甲午」年生，女父「乙未」年生，女母「戊戌」年生。

叔父懂得擇日，過大禮擇於 2011 年陽曆 6 月 24 日星期五正午十二時，四柱八字為：

辛卯 年
甲午 月
庚戌 日
壬午 時

筆者繼大師分析其好處如下：

（一）日課本身「辛」年干之貴人到日課之「午」月、時支上，亦到男方父母之「午」生年支上。日課「壬」時干之貴人到「卯」太歲支上。

（二）日課月、日「甲、庚」干之貴人到「丑、未」年命人地支上，包括新郎、新娘及女父生年地支上。日課「甲午」月干支與男方父母相同，並助旺他們，日課日、時「戌、午」地支半三合火局，同旺男方父母「甲午」年命干支。

（三）日課月、時「午」支與女父「未」支合日月，「午」火支生旺女母「戌」土支，「午、戌」支半三合火局。

男女並在澳洲某教堂舉行婚禮，日課擇於2011年陽曆7月16日星期六早上十時，四柱八字：

辛卯 年
乙未 月

壬申 日
乙巳 時

日課年、月「卯、未」半三合木局，日課日、時「申、巳」六合化水，整個八字為水生木格。日課月、時兩「乙」干與男女「乙丑」生年同干，助旺他們。又「乙」干之貴人在日課之「申」日支上。

日課唯一不好的地方，就是在「乙未」月沖男女之「乙丑」生年，慶幸天干相同，助旺「乙」木干。

日課尅應如下：

（一）尅應了在結婚當日女方忘記帶白色的結婚婚紗的面紗，幸好有伴郎載伴娘飛車回酒店取回，總算在進行結婚前趕及婚禮。

（二）尅應在結婚八年後，在「己亥」下半年生了一女，日課年、月「卯、未」與雙方之女兒「亥」支三合木局。

（三）尅應結婚日課之「壬申」日，在十一年後，到「壬寅」年，天干同是「壬」，地支「申、寅」相沖，為驛馬星，在「壬寅」年以舊屋之大廈屋換買新而較大的平房屋，總算有個舒適的地方居住，亦尅應了驛馬星動而搬屋。

他們在香港也有補回結婚的飲宴，日課擇於 2012 年陽曆 6 月 23 日星期六農曆五月初五，飲宴為晚上七時後，四柱八字：

壬辰 年
丙午 月
乙卯 日
丙戌 時

日課日、時「卯、戌」支六合化火，生各人「戌、午、未、丑」之生年，日課天干共兩「丙」一「乙」，木生火，火旺生「戊戌」女母命之干支土，其餘一個「乙」與一對新人年命同旺。

雖然這個日課生旺各人，但以男女在澳洲正式註冊結婚的日課最為尅應，不過男女方是以大廈細屋換購平房房，在外國供樓都要刻苦耐勞地勤奮工作，賺錢供樓，並不容易。男女父母並非有錢人家，男家父母在香港兼職兩份工作，給他們很大的幫助，他們結婚八年後，在「己亥」年始生有女兒，一家人樂也融融。

除日課的尅應外，要自助，亦要他人幫助，不是僅僅一個結婚註冊日子，就可以如願以償，這就是：**「盡人事以應天命。」**人助、他助、天助也。

繼大師註：在澳洲擇日結婚，應採用當地時間，轉換成四柱八字干支，澳洲的冬令時間快香港兩小時，夏令時間快香港三小時，要準確地得知當時所屬時間的四柱八字，方可使用。

《本篇完》

（廿九）尅應買樓的動工改造風水日課

繼大師

有室內設計師王生在西貢買了地下連二樓的村屋，找一賴姓地師看風水，村屋坐「庚」向「甲」兼「酉、卯」，背山面西貢海，後方有來龍脈氣，背靠有山丘星辰，村屋地下後方有一幅平坦草地，地面有一向上突出的大石塊，正正插在屋後方草地上，離開村屋後方約兩米，尅應男主人一直有腰骨痛病。

村屋在青龍「癸」方圍門入口，屋被前面村屋所阻隔，看不見西貢海，只有在三樓始可以看到，原則上，除少許瑕疵之外，方向及大局形勢均良好而合局。

男女戶主均是「乙巳」生年人命，大兒子「辛巳」年命，三人生年同屬「巳」支，小女兒「癸未」年命。

地師擇日動工修造，日課擇於 2005 年陽曆 8 月 16 日早上十時（巳時）星期二，四柱八字為：

乙酉 年
甲申 月
壬申 日
乙巳 時

筆者繼大師分析日課如下：

（一）日課年、時「乙」干之貴人到本身之月、日「申」支上，日、時「申、巳」支六合化水，雖然洩「庚」山少許金氣，但「庚」山之祿到日課之月、日「申」支上，加上「酉」金年支，大旺金氣，生旺「庚」山，故不忌六合化水。

（二）日課「乙巳」時與男女戶主同干支，又與大兒子同「巳」支，同旺也，「巳」人命支亦與日課「申」支合。日課「甲申」月干之貴人到女兒之「癸未」年命支。

（三）日課「壬申」日干之貴人到男女戶主及大兒子之「巳」支上，原則上日課不過不失，雖五行不甚生旺各人命，但有貴人相助。

這日課剋應以下一凶一吉事項：

（一）凶者是：裝修過程中，男戶主在同年「乙酉」年，「乙酉」月撞電單車交通意外，車壞了，人沒有受傷，正是不幸中之大幸，避過一劫。凶者是因為村屋地下門外窄淺，只有約一米深，僅能讓一人通過，前面村屋遮蓋屋門，只有左邊圍門能收山巒之逆水。

（二）吉者是：翌年「丙申」年買入樓上三樓，一家人同住全座村屋，剋應了日課之「申」月、日支，「丙丁」之貴人在動工日課之「酉」年上，因此剋應在「丙申」年買樓，吉者是因為圍門收得逆水，主得財。

一般人認為擇日做風水，動工裝修後，一定沒有意外發生，其實每個人有他的命運，若能大事化小，小事化無，有意外時能逢凶化吉，就是吉祥風水所引致，應該高興才是，凶事不來，吉應難臨，業不消，福份是不來的，這就是得福的原因。

《本篇完》

（三十）倒核廢水的日課

繼大師

正當《正五行擇日尅應精解》即將付印其間，日本將福島核廢水倒進太平洋大海，尅應了這本《擇日尅應》書籍的出現。日本令全世界海水做成核污染，全球人類生命受威脅，害己亦害人，令人悲嘆！

倒核廢水日課為 2023 年陽曆 8 月 24 日午時，四柱八字為：

癸卯 年
庚申 月
甲寅 日
庚午 時

日課干支「甲寅」日與「庚申」月為天尅地沖，兩「庚」之祿在「申」而沖「寅」支，「午」時與「寅」日支半三合火而尅「申」支，「寅、申」為沖驛馬，應了輻射水向四周漂流。

預計到2028年「戊申」年有嚴重剋應，尤其是在日本的東面的美國西岸，這是全世界的海洋災難，

但願有「丑、未」吉星貴人出現，總有一天科學家能化掉海水中的核污染。

因為這日課月、日、時之天干為「庚、甲、庚」，貴人在「丑、未」，或在「丁未」2027年會出現轉機。

其實一個國家領導人，應該有德育的修養，損人利己的事絕對不可做，何況是一個國家呢！烏呼！可憐又可悲！

《本篇完》

附錄 —— 鳴謝各界讀者支持榮光園書展

繼大師

本年度2023年7月19日至7月25日為榮光園出版社首次參加展覽，由2014年尾至今（2023年7月）共出版了29冊書，其中有一套是上下冊裝，一套是三冊裝，全是三元元空大卦卦理，亦有擇日、風水之歷史、故事、巒頭、理氣及尅應等。

由於書籍普遍開始進入電子化，網上壟斷門市，喜歡術數的人不多，國內翻版猖獗，經營困難，公司為了降低出版成本，由第十三冊開始，所有書籍全由作者自行釘裝，由第十九冊開始，作者本人負責排版、設計、對稿、打印、釘裝、送貨，可謂一條龍服務。

術數這科，既是專業，亦是冷門的學問，對於我們來說，這門是蝕本生意，利潤微薄，能夠堅持繼續經營，目的是使中國擇日及風水的傳統文化能夠繼續傳承下去。作者繼大師寫作不斷，為了讀者能清楚知道風水的山巒及結穴形勢，在著作或註解古籍中，用中國畫畫技法，把風水形勢用國畫立體地形圖表現出來。這種作法，不見於中國風水古籍中，可謂首創先河，若然閱讀古人所畫的風水圖畫，不易明白。

是次書展活動，榮光園是首次參加，書展大會安排了在網上免費下載電子入場券給參展書商，再由榮光園分發給各讀者下載，在數日內，電子入場券名額已滿，本人代表公司向各讀者致謝，亦向未能取得電子入場券的讀者致歉！

書展展出期間，除了展出所有出版的書籍外，亦有在七月最新的著作《都會陽居風水精義》，更有風水掛圖展示，對風水有認識的人，看了都非常感興趣，更有多位職業風水師來購買大量書籍，其中一位請了三幅中型掛圖，有城市垣局、紫微垣局、太微垣局等，另一位讀者請了一幅小型掛圖〈五星順生結穴圖〉即五星連珠格。

有些讀者更買了全套擇日書籍，更有一位國內的廣州佛山朋友，專程乘即日來回直通巴士來到會場買了他未買的餘下十多本筆者繼大師的著作，筆者給他一一簽名蓋印留念，並解答他對風水上的多項問題，本人非常欣賞他對擇日及風水的熱誠，祈望他閱讀後能深入了解。

這次榮光園首次參加書展活動，只是為了興趣而經營，更談不上利潤，工作人員全是義工，會場攤位租金昂貴，這次賣書得來的錢，收入剛好只能應付租金、運輸及營運費，能夠有這樣的成績，全乃讀者們的支持，感覺非常榮幸！

在此，榮光園及筆者繼大師本人向所有讀者作出深切致謝，祝願各位身體健康，學有所成，中華五術的擇日風水，能夠延續下去，傳承不斷，能對社會發揮正面作用，趨吉避凶，樂天知名，造福大眾，願社會和諧穩定。

《本篇完》

後記

繼大師

中國古代的擇日學說有多種，以時間轉換成天干地支，以四柱八字干支五行的生合沖尅，用在擇日上去用事。古人楊筠松地師命名為：**「正五行擇日造命法」**，這些五行干支組合，並非用於推算個人命運，而是在擇日用事後，去推算未來所發生的事情，這就是**「擇日尅應」**。

筆者繼大師已著作有十本擇日書籍，這是第十一本擇日書，亦是第二本的擇日尅應，這是一套完整的擇日教科叢書。學擇日的程序是：

（一）擇日基礎理論。

（二）擇日格局。

（三）擇日法用於用事上。

（四）擇日用事後之尅應。

（五）最後就是能知天機。

若能知天機，就知道事情的可為與不可為，定數還是不定數，這就是擇日的尅應，故凡事要應機，擇日不可強而為之，一切都有前因後果，否則擇日者要付出代價。

古代中國的五術風水明師，大部份都是修行人，如黃石公、張良，元代之幕講師，明末之無極子，蔣大鴻祖師，他們都是佛道中人，蔣氏為了他的徒弟，時常作唸經修佛拜懺法會等事，可看《蔣氏家傳地理真書》內關於蔣氏收徒弟的拜師表文便知。

給人擇日造葬、安碑、入伙、上骨灰龕位、結婚、裝修 …… 擇日者須有德行及修為，否則福份轉移給別人，或背負別人的因果，不可不知也。

有興趣於擇日學的人士，無論職業或業餘讀者，在研讀這套擇日教科叢書後，願各位都能成為有修為的擇日學專家，具有慈悲、智慧及功德力，能造福於人。

繼大師寫於香港明性洞天
癸卯年孟秋吉日

《全書完》

榮光園有限公司出版 —— 繼大師著作目錄：

已出版：正五行擇日系列 － 一《正五行擇日精義初階》二《正五行擇日精義中階》

風水巒頭系列 － 三《龍法精義初階》四《龍法精義高階》

正五行擇日系列 － 五《正五行擇日精義進階》六《正五行擇日秘法心要》七《紫白精義全書初階》八《紫白精義全書高階》九《正五行擇日精義高階》十《擇日風水問答錄》

風水巒頭系列 － 十一《砂法精義一》 十二《砂法精義二》

以下是線裝書系列：擇日風水系列 － 十三《擇日風水剋應》十四《風水謬論辨正》

風水古籍註解系列 － 十五《三元地理辨惑》馬泰青著 繼大師標點校對

十六《三元地理辨惑白話真解》馬泰青著 繼大師意譯及註解

風水巒頭系列 － 十七《大都會風水秘典》 十八《大陽居風水秘典》

三元卦理系列 － 十九《元空真秘》原著及註解上下冊（全套共三冊）劉仙舫著 繼大師註解

風水祖師史傳系列 － 二十《風水祖師蔣大鴻史傳》 **三元易盤卦理系列** － 廿一《地理辨正疏》蔣大鴻註及傳姜垚註 張心言疏 繼大師註解（全套共上下兩冊） 廿二《地理辨正精華錄》

大地遊踪系列 － 廿三《大地風水遊踪》 廿四《大地風水神異》

廿五《大地風水傳奇》與廿六《風水巒頭精義》限量修訂版套裝（廿五與廿六全套共二冊）

正五行擇日系列 — 廿七《正五行擇日精義深造》

風水古籍註解系列 — 廿八《千金賦說文圖解》—（穴法真秘）— **劉若谷著** 繼大師註解

風水巒頭系列 — 廿九《都會陽居風水精義》 卅《水法精義》

正五行擇日系列 — 卅一《正五行擇日剋應精解》

未出版：風水祖師史傳系列 — 卅二《風水明師史傳》

大地遊踪系列 — 卅三《穴法精義》 卅四《風水秘義》 卅五《風水靈穴釋義》

卅六《大地墳穴風水》 卅七《香港風水穴地》 卅八《廟宇風水傳奇》 卅九《香港廟宇風水》

四十《港澳廟宇風水》 四十一《中國廟宇風水》

三元卦理系列 — 四十二《三元地理命卦精解》

風水古籍註解系列 — 繼大師註解 四十三《青烏經暨風水口義釋義註譯》

四十四《管號詩括暨葬書釋義註解》 四十五《管氏指蒙雜錄釋義註解》

四十六《雪心賦圖文解義》（全四冊）

榮光園有限公司簡介

榮光園以發揚中華五術為宗旨的文化地方，以出版繼大師所著作的五術書籍為主，首以風水學，次為擇日學。

風水學以三元易卦風水為主，以楊筠松、蔣大鴻、張心言等風水明師為理氣之宗，以巒頭（形勢）為用，擇日以楊筠松祖師的正五行造命擇日法為主。

為闡明中國風水學問，用中國畫的技法劃出山巒，以表達風水上之龍、穴、砂及水的結構，以國畫形式出版，亦將會出版中國經典風水古籍，加上插圖及註解去重新演繹其神韻。

日後榮光園若有新的發展構思，定當向各讀者介紹。

作者簡介

出生於香港的繼大師，年青時熱愛於宗教、五術及音樂藝術，一九八七至一九九六年間，隨呂克明先生學習三元陰陽二宅風水及正五行擇日等學問，於八九年拜師入其門下。

《正五行擇日尅應精解》　繼大師著

出版社：榮光園有限公司 Wing Kwong Yuen Limited
香港新界葵涌大連排道35 - 41號, 金基工業大厦12字樓D室
Flat D, 12/F, Gold King Industrial Bldg. , 35-41 Tai Lin Pai Rd, Kwai Chung, N.T., Hong Kong
電話：(852) 6850 1109
電郵：wingkwongyuen@gmail.com
發行：聯合新零售(香港)有限公司 SUP RETAIL (HONG KONG) LIMITED
地址：香港新界荃灣德士古道220～248號荃灣工業中心16樓
16/F, Tsuen Wan Industrial Centre, 220-248 Texaco Road, Tsuen Wan, NT, Hong Kong
電話：(852) 2150 2100
電郵：info@suplogistics.com.hk
印刷：榮光園有限公司 Wing Kwong Yuen Limited

作者：繼大師
繼大師電郵：masterskaitai@gmail.com
繼大師網誌：kaitaimasters.blogspot.hk

《正五行擇日尅應精解》繼大師著
定價：HK$ 280 -
版次：2023年 9 月第一次版
9789887682639